Mühe/Kahlert
Deutsches Uhrenmuseum
Furtwangen

1 *Historische Landkarte der Schwarzwälder Uhrmacherregion*

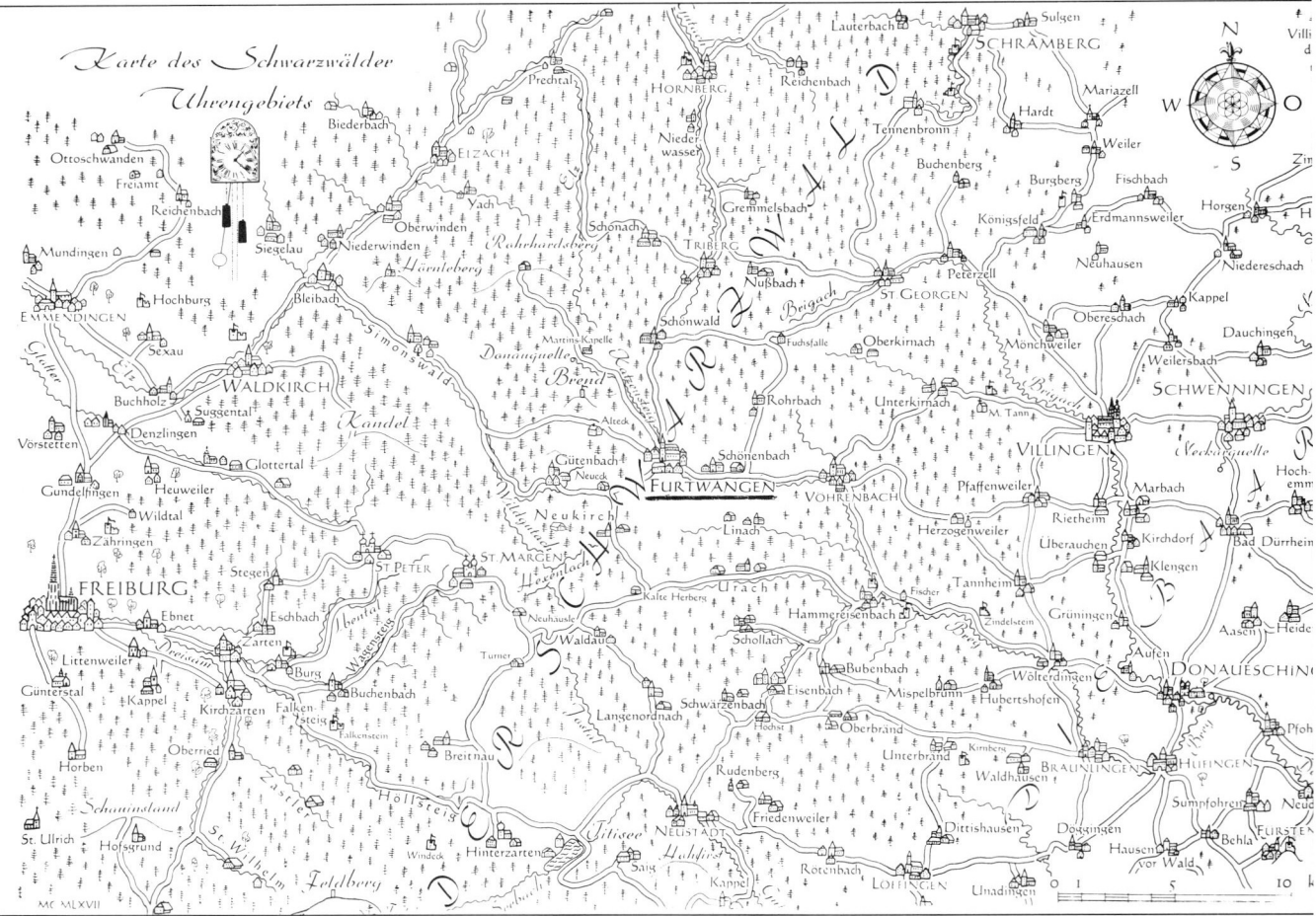

R. Mühe · H. Kahlert

Deutsches Uhrenmuseum Furtwangen

Die Geschichte der Uhr

Callwey

Photos: Archiv Deutsches Uhrenmuseum, Furtwangen, Foto-Maier,
Furtwangen, und Landesbildstelle Baden, Karlsruhe
Zeichnungen: K. Schnibbe und H. Jüttemann

CIP-Kurztitelaufnahme der Deutschen Bibliothek
Deutsches Uhrenmuseum ‹Furtwangen›:
Deutsches Uhrenmuseum Furtwangen: d. Geschichte d. Uhr/R. Mühe; H. Kahlert.-
München: Callwey, 1983.
ISBN 3 7667 0681 0
NE: Mühe, Richard [Mitverf.]

Schutzumschlagentwurf Baur + Belli Design, München,
unter Verwendung der Abbildungen 7 und 175
Gesamtherstellung Leitz Druck, Furtwangen,
und Pera Druck, München
Printed in Germany
ISBN 3 7667 0681 0

Inhalt

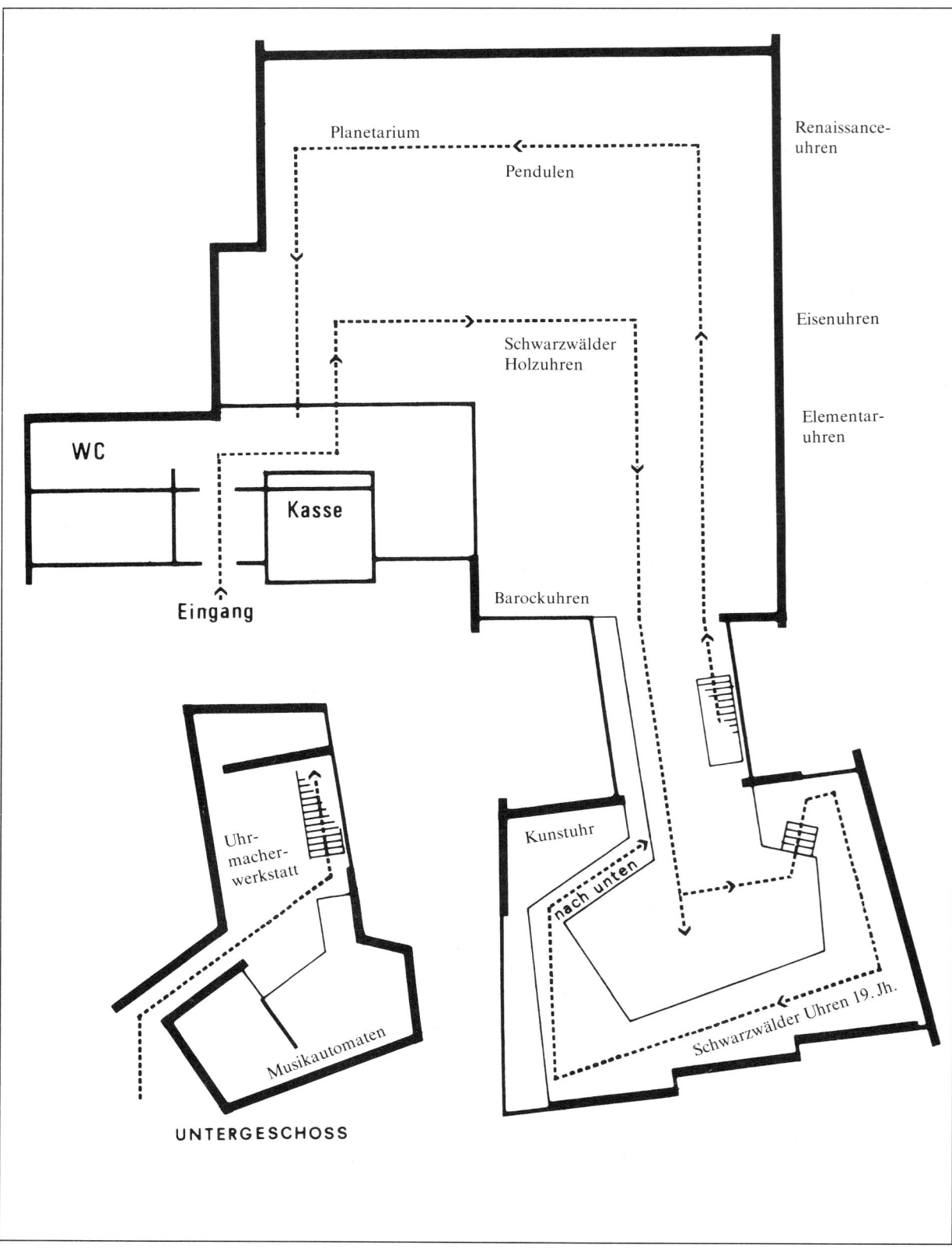

Planetarium

Pendulen

Renaissance-
uhren

Eisenuhren

Schwarzwälder
Holzuhren

Elementar-
uhren

WC

Kasse

Eingang

Barockuhren

Uhr-
macher-
werkstatt

Kunstuhr

nach unten

Musikautomaten

Schwarzwälder Uhren 19. Jh.

UNTERGESCHOSS

Vorwort

◁ **2** *Raumplan des Deutschen Uhrenmuseums*

Mit diesem Buch wird das Ziel angestrebt, die Entwicklung der Uhr an Beispielen allgemein verständlich und doch wissenschaftlich korrekt darzustellen. Besondere Aufmerksamkeit galt der Auswahl der Bilder, denn eine gute Abbildung sagt oft mehr als viele Worte. So möchte der Band auf seine Weise einen Beitrag zur Geschichte der Zeitmessung liefern.

Es ist die Aufgabe eines Museums, seine Objekte so darzubieten, daß der Besucher sie versteht und Zugang zu ihnen findet. Ausstellungen sind dann gut, wenn sie dem Betrachter Nutzen stiften. Dennoch dürften am Ende eines oft kurzen Rundgangs noch Fragen offen bleiben, ebenso wie neue Fragestellungen erst entstanden sein werden. Mancher möchte mehr wissen über Zeitmessung und Uhrentechnik, über Uhrentypen und ihren Wandel im Laufe der Geschichte, ohne deshalb unbedingt Sammler oder Experte werden zu wollen.

Besonders für diesen Personenkreis ist die Schrift gedacht. Sie möchte Verständnis wecken für technische Probleme, die Jahrhunderte hindurch Uhrmacher und Naturwissenschaftler beschäftigt haben. Doch die Uhr war immer schon mehr als nur ein möglichst genauer Zeitmesser, sie gehörte stets auch zur engsten persönlichen Habe des Menschen. Uhren bestimmen Arbeit und Freizeit, sie beeinflussen den Rhythmus unseres Lebens. Das heißt: Uhrengeschichte ist nicht nur Technologiegeschichte, sondern zugleich auch Kultur- und Sozialgeschichte.

Dieser Band hat mehrere Vorgänger, die bei den Museumsbesuchern beliebt waren. Die vorliegende Ausgabe wurde in Bild, Text und Layout neu gestaltet. Alle abgebildeten Uhren stammen aus dem Deutschen Uhrenmuseum Furtwangen. Deshalb kann die Schrift auch weitgehend die Aufgaben eines illustrierten Museumsführers erfüllen. Stärker wissenschaftlich orientiert sind die ,,Furtwanger Beiträge zur Uhrengeschichte''. In dieser Reihe erschienen bisher zwei Bände.

Furtwangen, im Frühjahr 1983

Prof. Dr. Richard Mühe
Prof. Dr. Helmut Kahlert

Das Deutsche Uhrenmuseum Furtwangen

Die Geschichte des Deutschen Uhrenmuseums Furtwangen reicht zurück bis 1852, als der erste Direktor der Uhrmacherschule Furtwangen, Robert Gerwig, die Schwarzwälder aufrief, alte hölzerne Uhren zu bewahren und zu sammeln. Bereits 14 Tage später konnte er erste Erfolge melden: ,,Von Wagner Jakob Wehrle in Vöhrenbach ein hölzerner Kurzschwanz (Uhr mit kurzem Pendel vor dem Zifferblatt), eckige Form aus den Jahren 1800−1810 ... Von Mathäus Langenbacher in Schönenbach ein halbkleiner hölzerner Kurzschwanz breiter Form, mit Repetition, aus den Jahren um 1780.'' Das Deutsche Uhrenmuseum Furtwangen ist vermutlich das älteste Museum seiner Art in der Welt.

Die Aktivität von Robert Gerwig verdient deshalb besondere Beachtung, weil damals in Deutschland kaum jemand auf die Idee gekommen war, daß technische Gebrauchsgüter − wozu auch die Schwarzwälder Uhren zählten − erhaltens- und sammelnswert, ja ,,museumswürdig'' seien. Dies verschaffte dem Furtwanger Museum einen Vorsprung, so daß heute die größte und umfassendste Sammlung Schwarzwälder Uhren den Besuchern zugänglich ist. Aber auch einmalige Kostbarkeiten wie die astronomische Uhr des Professors Rinderle (1748−1824) oder das Planetarium des Pfarrers Philipp Matthäus Hahn (1739−1790) verdankt das Deutsche Uhrenmuseum diesem frühen Interesse an technischen Kulturgütern.

Doch die Furtwanger Sammlung hat noch eine zweite Wurzel, die sich mit dem Wort Gewerbeförderung umschreiben läßt. Als in einer Krisenzeit des Schwarzwälder Uhrengewerbes im Jahre 1850 die Großherzoglich Badische Uhrmacherschule gegründet wurde, hat man gezielt in den Uhrenregionen Europas Musteruhren für eine Lehrmittelsammlung erworben. Die Schwarzwälder Uhrmacher und natürlich auch die Lehrlinge der Schule sollten Vorbilder haben, an denen sie sich orientieren konnten, damit die Schwarzwälder Uhrmacherei ihre Bedeutung erhalten konnte; denn die ersten Wanduhren in vielen Bauern- und Bürgerstuben Europas stammten seit dem 18. Jahrhundert aus dem Schwarzwald. Auch die genannte Lehrmittelsammlung, ergänzt durch Neuerwerbungen und Eigenkonstruktionen der Uhrmacherschule, ist dem Museum erhalten geblieben.

Nach der Aufhebung der Uhrmacherschule 1863 wurde in Furtwangen eine Gewerbehalle gebaut, in der die Museumsbestände viele Jahrzehnte hindurch untergebracht waren. Ein früher Reiseführer erwähnt 1877 diese Ausstellung, ,,durch welche der Besucher einen genauen Überblick über die Entwicklung, den Betrieb und den heutigen Stand der Schwarzwälder Uhrenmacherei erhält''. L. G. Séguin spricht 1879 in seinem Schwarzwaldbuch von einer ,,besonders interessanten Sammlung'' und bewundert vor allem die Perfektion der Kalenderuhren und Musikwerke. Die Gewerbehalle mußte später dem Neubau der Ingenieurschule weichen. Im Rahmen dieser Baumaßnahmen fand 1957 die damalige „Historische Uhrensammlung Furtwangen" in einem besonderen Gebäudeteil ihren neuen Standort.

Das Land Baden-Württemberg hat 1975 die Hellmut-Kienzle-Sammlung erworben und dem Furtwanger Museum zu Ausstellung und wissenschaftlicher Bearbeitung übergeben. Diese international bekannte Sammlung hatte einen Schwerpunkt bei Taschenuhren aller Epochen, einen anderen bei Tischuhren und Reiseuhren der Renaissance. Sie ergänzte und vervollkommnete die bisherigen Bestände. Um möglichst viele Besucher anzusprechen, wurde ein Teil davon auch im Uhrenmuseum der Stadt Villingen-Schwenningen ausgestellt.

Wie vordem mit der Uhrmacherschule, so ist gegenwärtig das Deutsche Uhrenmuseum mit der Fachhochschule Furtwangen organisatorisch verbunden. Die Fachhochschule verleiht ihren Absolventen heute das Diplom für Ingenieure und Informatiker. Das Uhrenmuseum hat ebenso sein Programm erweitert: von der mechanischen Räderuhr zur elektronischen Quarzuhr. Dabei treten jedoch museumsdidaktische Probleme auf. Die Verbindung von Pendel und Räderwerk kann bei der mechanischen Uhr jedem Schulkind „anschaulich" gemacht werden. Die Funktionen der modernen elektronischen Uhr, bei der Quarze im Kilohertz- und Megahertzbereich schwingen, bedürfen zum Verständnis sorgsam entwickelter didaktischer Hilfsmittel.

Die Ausstellung (Schausammlung) ist so angelegt, daß die Besucher von zwei Stellen aus sinnvoll mit Rundgang oder Führung beginnen können. Der eine Weg führt von den Elementaruhren über frühe Kirchturmuhren, eiserne Stuhluhren und Wanduhren zu einem der Höhepunkte des Museums, den prunkvollen Tischuhren der Renaissancezeit. Frühe tragbare Uhren und Sonderformen der Taschenuhr, süddeutsche Wanduhren und Stutzuhren des 17. bis 19. Jahrhunderts schließen sich an. Darauf folgen Wohnraumuhren, vor allem aus Frankreich, England und Österreich, aber auch Beispiele für Uhren aus China und Japan. Ein weiterer Bereich des Museums ist astronomischen Uhren, Kunstuhren, technischen Uhren und vor allem dem Planetarium vorbehalten. Die Erzeugnisse des späten 19. und des 20. Jahrhunderts, Wecker, Armbanduhren und elektronische Zeitmesser, führen den Besucher an die technische Entwicklung der Gegenwart heran. Eine Fortsetzung des Rundgangs erschließt die Geschichte der Schwarzwalduhr.

Für den Interessenten der südwestdeutschen Uhrenfertigung kann die Besichtigung auch vom Museumseingang her mit den frühen Schwarzwälder Uhren begonnen werden. Die Uhrmacherei des Schwarzwaldes mit ihren rustikalen Formen und dem allmählichen Übergang von der Holzuhr zur Holzmessing- und schließlich zur Metalluhr ist hier wohl in einmaliger Geschlossenheit über drei Jahrhunderte hinweg dokumentiert. Besondere Aufmerksamkeit verdienen die seltenen Kalenderuhren des Schwarzwaldes und die Uhren mit den kostbaren Barockschildern. In der Reihe der vielen Schwarzwalduhren fallen besonders die Automatenuhren und Musikuhren auf, welche diese Gegend neben der Kuckucksuhr und der Holzlackschilduhr in aller Welt bekannt gemacht haben. Im Untergeschoß befindet sich eine Sammlung von Musikwerken und eine alte Uhrmacherwerkstatt. Vorbei an Uhren der frühen Schwarzwälder Fabrikzeit gelangt der Besucher dann zum Ausgangspunkt des oben beschriebenen Rundgangs.

Alljährlich kommen etwa 130 000 Besucher in das Deutsche Uhrenmuseum

Furtwangen. Erst ihr Interesse erweckt eine Sammlung historischer Uhren zum Leben. Museen sind weder Schatzkammern noch Bildungstempel, sondern Einrichtungen für alle. Ein Museum, das inmitten einer Ferienlandschaft liegt, sollte auch auf solche Besucher Rücksicht nehmen, die eher Entspannung als neues Wissen suchen. Und hier schließt sich der Kreis der Betrachtung, denn Uhrmacher und Musikwerkbauer haben nicht nur im Schwarzwald einen gemeinsamen Ursprung. Kinder und Erwachsene freuen sich gleichermaßen, wenn der Kuckuck ruft oder wenn ein Polyphonium erklingt. Ferienstimmung, verbunden mit etwas Nostalgie, vielleicht ist das in Verbindung mit Uhrenforschung, Information und moderner Technologie gar kein schlechtes Museumskonzept.

4 Uhrmacherwerkstatt mit den originalen Einrichtungsgegenständen und Werkzeugen aus dem frühen 19. Jahrhundert

Vorläufer unserer Zeitmeßgeräte

Erddrehung als Zeitmaßstab

Über die Anfänge der Zeitmessung liegen nur wenige verläßliche Daten vor, so daß wir weitgehend auf Vermutungen angewiesen sind. Umfangreich ist allerdings die Liste der Verfahren und Geräte, die im Laufe der Geschichte zur Zeitmessung verwendet worden sind: angefangen von der Länge des Schattens, den ein menschlicher Körper wirft, bis hin zu den modernen Atomuhren, bei denen schon eine Abweichung von einer Sekunde in 100 Jahren als fehlerhaft gilt. In der Physik wird Messen als Vergleich von zwei Maßstäben definiert. Die für Zeitmessung benötigten Vergleichsvorgänge fand man in der Bewegung von Erde und Gestirnen. Deshalb wurden sie zuerst für Zeitmessungen herangezogen. Wie wir alle wissen, dreht sich die Erde um ihre eigene Achse und gleichzeitig als einer der neun Planeten um die Sonne. Unsere Zeitteilungen sind aus diesen Umläufen abgeleitet. Erst in jüngster Zeit wird für die Präzisionszeitmessung ein noch genauerer Maßstab in Form atomarer Schwingungen benutzt.

Große Schwierigkeiten traten im Laufe der Geschichte auf, die Dauer eines Sonnenjahres (365 Tage, 5 Stunden, 48 Minuten) auf die das tägliche Leben bestimmende Tageseinteilung zu beziehen. Bei dem von Julius Cäsar im Jahre 46 v. Chr. eingeführten sog. Julianischen Kalender folgt auf drei gewöhnliche Jahre mit 365 Tagen ein Schaltjahr mit 366 Tagen, wodurch das julianische Jahr im Durchschnitt 365,250 Tage (richtig wäre: 365,242 Tage) und somit im Vergleich zum Sonnenjahr zu lange dauert. Diese Abweichungen summierten sich im Laufe der Jahrhunderte und betrugen 1582, als durch Papst Gregor XIII. der heute noch geltende Gregorianische Kalender eingeführt wurde, immerhin 10 Tage. Die Verbesserung des neuen Kalenders besteht darin, daß in bestimmten größeren zeitlichen Abständen das Schaltjahr entfällt.

Eine weitere Unterteilung des Jahres lieferte schon in frühester Zeit der Mond. Die wechselnden Lichtgestalten des Mondes (Mondphasen) wiederholen sich nach einem Zeitraum von etwa $29^1/_2$ Tagen (synodischer Monat). In früheren Jahrhunderten wurde zwischen Astronomie und Astrologie nicht streng unterschieden. Mond und Sterne hatten nach damaliger Auffassung großen Einfluß auf das menschliche Leben, aber auch auf Wachstumsprozesse von Tieren und Pflanzen. So wurden etwa medizinische Operationen oder landwirtschaftliche Arbeiten nur während bestimmter Mondphasen vorgenommen. Noch anfangs des 19. Jahrhundert hat Johann Peter Hebel in seinem Schatzkästlein des Rheinischen Hausfreunds ohne viel Erfolg diese eingewurzelten Vorstellungen zu bekämpfen versucht.

Die Verknüpfung des Zeitablaufs mit den Planetenbewegungen ist beispielsweise an den Namen der Wochentage erkennbar. Deutlicher noch als bei den Namen der deutschen Wochentage tritt die Verbindung in anderen Sprachen hervor. Dies zeigt eine Übersicht, die Professor Kistner 1925 für seine Schrift über die Historische Uhrensammlung Furtwangen zusammengestellt hat:

Wochentag	Planet		Lateinisch	Französisch	Englisch
Sonntag	Sonne	☉	Dies Solis	dimanche	Sunday
Montag	Mond	☽	Dies Lunae	lundi	Monday
Dienstag	Mars	♂	Dies Martis	mardi	Tuesday
Mittwoch	Merkur	☿	Dies Mercurii	mercredi	Wednesday
Donnerstag	Jupiter	♃	Dies Jovis	jeudi	Thursday
Freitag	Venus	♀	Dies Veneris	vendredi	Friday
Samstag	Saturn	♄	Dies Saturni	samedi	Saturday

Der Dienstag ist eigentlich Ziestag (im Schwarzwald: Zieschtig) nach Kriegsgott Ziu (= Mars). Der Donnergott Thor (auch Jupiter schleudert den Blitz) hat dem Donnerstag den Namen gegeben. Die Liebesgöttin Freia (= Venus) war für den Freitag namensbestimmend. Während die Planeten als „Tagesplaneten" und „Stundenregenten" galten, wurden die Tierkreiszeichen als Monatssymbole verwendet:

♈ Widder für März   ♎ Waage für September
♉ Stier für April   ♏ Skorpion für Oktober
♓ Zwillinge für Mai   ♐ Schütze für November
♋ Krebs für Juni   ♑ Steinbock für Dezember
♌ Löwe für Juli   ♒ Wassermann für Januar
♍ Jungfrau für August   ♊ Fische für Februar

Solche Zusammenhänge werden bei den Kalenderuhren besonders deutlich. Sie zeigen nicht nur die Stunde an, sondern auch den Tag, die Woche, die Mondphase und das Jahr. Derartige astronomische Kunstuhren sind oft in Zusammenarbeit von Naturwissenschaftlern und Uhrmachern entstanden und gehören zu den Meisterwerken der Uhrmacherkunst. Dies gilt auch für die Abwandlung der Kalenderuhr zur Globenuhr. Die monumentale Globenuhr des Furtwanger Museums ist eine Arbeit des berühmten Astronomen, Mathematikers und Pfarrers Philipp Matthäus Hahn (1739–1790) aus dem Jahre 1770. Das Zifferblatt der Hauptuhr besitzt eine 24-Stunden-Teilung. Die Uhr zeigt Sekunden, Minuten, Stunden und das Datum an. Der Erdglobus rechts auf dem Podest und der Himmelsglobus links werden durch das Uhrwerk in 24 Stunden einmal um ihre Achse gedreht, so daß man Sonnenaufgang und -untergang sowie den Stand der Gestirne verfolgen kann.
Die Verbindung von Planetenbewegung und Zeitmessung wird am Beispiel eines Planetariums verdeutlicht. Das hier dargestellte feinmechanische System einer „Himmelsmaschine" wurde ebenfalls von Philipp Matthäus Hahn konstruiert. Das Uhrwerk an der Vorderseite steuert auch den Planetenantrieb und zeigt auf dem Zifferblatt mit 24-Stunden-Teilung die Tages-

stunden rot, die Nachtstunden schwarz an. Ferner ist das Datum mit Wochen- und Monatstag ablesbar.

Man sieht neben der Sonne im Zentrum die sechs Planeten, die damals (1774) bekannt waren. Nach der Sonne als große Kugel in der Mitte folgen Merkur und Venus als kleine Kügelchen, dann die Erde mit dem sie umkreisenden Mond in der Nähe des Mars. Weiter außen auf zwei getrennten Trägern sind die größeren Planeten Jupiter und Saturn mit ihren damals bekannten vier, beziehungsweise fünf Monden dargestellt. Die abdeckende Glasplatte trägt eine Skala mit den Tierkreiszeichen am äußeren Rand, so daß die Planeten danach zugeordnet werden können.

Während des Betriebs ist allerdings keine Bewegung der Gestirne zu sehen, da der Planetenumlauf mit natürlicher Winkelgeschwindigkeit erfolgt, d. h. der äußerste Planet (Saturn) bewegt sich beim Planetarium wie in der Wirklichkeit in 29 Jahren einmal um die Sonne. Die Bahnen der Planeten sind im Maßstab eins zu einer Billion verkleinert worden, damit das ganze System auf der Platte mit 130 cm Durchmesser Platz findet. Sonne, Mond und Planeten mußten dagegen vergrößert werden, um überhaupt sichtbar zu sein. Im Maßstab der verkleinerten Umlaufbahnen wäre die Erdkugel sonst nur ein Hundertstel Millimeter groß.

Doch mit Globenuhr und Planetarium wurde der zeitlichen Entwicklung weit vorgegriffen. Die Vorläufer der modernen Zeitmessung haben auf anderen technischen Prinzipien aufgebaut.

Sonnenuhren

Die Sonnenuhren gelten als älteste Zeitmeßgeräte. Es ist anzunehmen, daß zuerst Bergspitzen oder hervorragende Geländepunkte, über denen die Sonne zu wiederkehrenden Zeitpunkten stand, zur Zeitbestimmung verwendet wurden. In verschiedenen Gegenden der Alpen finden wir Berge mit dem Namen Mittagspitze. In den Sextener Dolomiten gibt es Gipfel, die nach dem Sonnenstand die Namen ,,Elfer'', ,,Zwölfer'' und ,,Einser'' bekommen haben.

Neben diesen ,,natürlichen'' Sonnenuhren, bei denen aus der Richtung der Sonne auf die Tageszeit geschlossen wurde, entstanden bereits vor Jahrtausenden auch ,,künstliche'' Sonnenuhren. Hier diente die Länge des Schattens zur Zeitmessung.

Man unterscheidet zwischen vertikalen und horizontalen Sonnenuhren. Die einfachste Form einer Horizontalsonnenuhr ist ein in die Erde gesteckter Schattenstab mit umgebenden Markierungspunkten. Ortsfeste Vertikalsonnenuhren, wie sie an Hauswänden angebracht wurden, haben ebenso wie tragbare Sonnenuhren (Taschensonnenuhren) meist zentrisch angeordnete Stundenmarkierungen, die dem Zifferblatt unserer Uhren ähneln.

Sonnenuhren gibt es in vielerlei Varianten, als Sonnenringe ebenso wie als Vielflächen-Sonnenuhren. Bei diesem Typ sind auf sämtlichen Flächen eines Würfels entsprechende Markierungen angebracht. Der Umgang mit tragbaren Sonnenuhren ist uns heute nicht mehr geläufig, da die vielen Zeichen und Markierungen verwirren. In früheren Jahrhunderten gehörte jedoch dieses Gerät zur Ausrüstung der Reisenden und seine Handhabung zur (gehobenen) Allgemeinbildung.

Die Verbesserung der Sonnenuhren beschäftigte immer wieder Gelehrte und Instrumentenbauer; denn trotz mancher Unzulänglichkeiten blieben diese Zeitmesser bis ins 19. Jahrhundert hinein unentbehrlich. Man hat Sonnenuhren lange vor der Erfindung der Räderuhr gekannt und noch jahrhundertelang weiterbenutzt, da keine bessere Art der örtlichen Zeitbestimmung bekannt war. So mußten beispielsweise bis ins letzte Jahrhundert hinein die Räderuhren nach tragbaren oder ortsfesten Sonnenuhren gerichtet werden, denn es gab keine zentralen Zeitzeichen, wie sie heute dank Funkübertragung üblich sind. Von Philipp Matthäus Hahn wird berichtet, daß er eigens eine neuartige Sonnenuhr erfunden hat, um die Ganggenauigkeit der von ihm konstruierten Räderuhren überprüfen zu können.

Gegenwärtig dienen Sonnenuhren nur noch dekorativen und demonstrativen Zwecken. Ebenso wie früher werden sowohl Horizontal- wie Vertikalsonnenuhren gebaut. Die komplizierte Theorie fasziniert auch heute noch. Die von der Kreisbahn abweichende Bahnkurve der Erde um die Sonne ist es vor allem, die Sonnenuhrbauern zu schaffen macht. Von Zeit zu Zeit hört man immer wieder von neuen, verbesserten Konstruktionen, die meist in Parks oder Vorgärten aufgestellt werden.

Als kompliziertestes Meßgerät vor der hochentwickelten Räderuhr gilt das Astrolabium. Die Araber hatten es bereits vor der Jahrtausendwende zur Meisterschaft im Bau dieser Instrumente gebracht. Ein weiterer Höhepunkt der Entwicklung fällt in die Zeit der Renaissance. Das Astrolabium dient besonders astronomischen Messungen, wie der Ermittlung der Sternhöhe, konnte aber auch zur Ortsbestimmung und zur Zeitmessung herangezogen werden.

Wasseruhren — Sanduhren — Feueruhren

Beim Messen mit der Sonnenuhr wird ein bestimmter Augenblick im Tagesablauf fixiert. Interessant ist weniger der wandernde Schatten, sondern die Position, die dieser Schatten im Zeitpunkt der Messung einnimmt. Andere Zeitmeßgeräte wie Wasser- und Sanduhren, Kerzen- und Öluhren sind stärker auf den Zeitablauf ausgerichtet. Sie werden zu einem bestimmten Zeitpunkt in Gang gesetzt und zeigen die Zeitspanne an, die seitdem vergangen ist.

Bei den Wasseruhren läuft Flüssigkeit aus einem Gefäß aus. Der abnehmende Flüssigkeitsstand im Auslaufgefäß oder der zunehmende Stand im Aufnahmegefäß markieren die Zeit. Bei den Kerzenuhren läßt sich an Zeichen auf der Kerze ablesen, wieviel Zeit seit dem Anzünden vergangen ist. Ähnlich funktionieren die Öluhren, hier liefert die verbrannte Ölmenge Hinweise auf den verstrichenen Zeitraum.

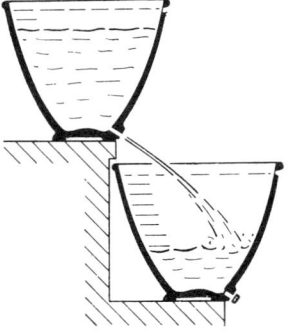

5 *Skizze einer Wasseruhr*

Sanduhren entstanden erst im Hochmittelalter, als die Glastechnik entsprechend ausgebildet war. Nürnberg galt als bedeutendstes Produktionszentrum dieser Zeitmeßgeräte. Sanduhren waren besonders im späten Mittelalter als Meßgeräte für kurze Zeitspannen verbreitet, etwa um die Dauer einer Predigt oder die Redezeit vor Gericht festzulegen. Auch die Ärzte haben Sanduhren benutzt, um den Pulsschlag zu messen. In der Seemannssprache hat sich die Erinnerung an dieses Zeitmeßgerät bis heute erhalten. Die auf Schiffen übliche Vier-Stunden-Wache ist eingeteilt in acht „Glasen", alle halbe Stunden mußte die Sanduhr umgedreht werden, was durch Anschlagen der Schiffglocke akustisch gemeldet wurde. In bildlichen Darstellungen erscheint das „Stundenglas" als Symbol für die verrinnende Zeit und damit auch für die Vergänglichkeit des Menschen.

Einige der besprochenen Zeitmeßgeräte können, ähnlich wie Schlagwerks- oder Weckeruhren, auch hörbare Signale auslösen. Bei der chinesischen Feueruhr werden über einen waagrecht liegenden brennbaren Stab in bestimmten Abständen Fäden gelegt, an deren Enden Kugeln befestigt sind. Sobald die Flamme des brennenden Stabes einen Faden erreicht hat, fallen die beiden Kugeln mit dem durchgebrannten Faden in ein Becken und signalisieren so die Stunden. Eine ausgefallene Art der Feueruhr ist die „Mittagskanone". Beim höchsten Sonnenstand konzentriert ein Brennglas die Sonnenstrahlen auf den Schießpulver-Zündsatz einer kleinen Kanone und löst einen Schuß aus.

Bei allen diesen Zeitmessern sind die Nachteile deutlich zu erkennen. Die Sonnenuhren funktionieren nur am Tage und bei gutem Wetter. Sie messen, wie ein Sprichwort sagt, lediglich die heiteren Stunden. Die kleineren Zeitabschnitte können mit Hilfe von Wasser- oder Sanduhren hinlänglich genau gemessen werden, auch das Ablesen der Zeit ist einfach. Bei Wasseruhren drohte jedoch die Gefahr, daß sie einfroren. Schon um 700 n. Chr. verordnete daher ein Kirchenlehrer den Mönchen, bei Nachtfrost Kerzenuhren zu verwenden, damit die Gebetsstunden eingehalten werden konnten. Ein weiterer großer Nachteil bestand darin, daß die Zeitmessung nicht über längere Zeiträume hinweg automatisierbar war. Wohl berichten alte Schriftsteller immer wieder von automatischen Wasseruhren. Ob allerdings diese theoretisch denkbaren Geräte in der Praxis auch zuverlässig funktioniert haben, darf bezweifelt werden.

Für die Weiterentwicklung der Zeitmessung wurde also ein Instrument benötigt, das längere Zeit ohne äußeres Zutun funktioniert, das genau mißt und das unabhängig von Tag und Nacht, von Witterungsbedingungen und geographischer Lage arbeitet. Diese Forderungen hat erst die Räderuhr erfüllen können. Bis sie das in der heute gewohnten Vollkommenheit mit der sprichwörtlichen Präzision eines Uhrwerks konnte, war ein jahrhundertelanger technischer Entwicklungsprozeß nötig.

Unsere Sprache hat jedoch die Erinnerung an die Elementaruhren lebendig erhalten. Die Zeit „verstreicht" wie der wandernde Schatten bei der Sonnenuhr, „verrinnt" wie der Sand aus der Sanduhr, „verfließt" wie die auslaufende Flüssigkeit einer Wasseruhr. Erst die mechanische Räderuhr brachte einen neuen Rhythmus. Der Zeitablauf wird in kleine Abschnitte zerhackt, das Tick-Tack der Uhr symbolisiert diesen Vorgang. Jede Zeiteinheit gewinnt ihren eigenen Wert, verwandelt sich zu einer knappen, für den Menschen nützlichen und wirtschaftlich verwertbaren Größe: „time is money." Die Uhr wird zum Meßinstrument für Leistung, denn Leistung ist Arbeit je Zeiteinheit.

◁ **6** *Astronomische Globenuhr. Erd- und Himmelsglobus werden von dem Uhrwerk mit Sekundenpendel, Schlagwerk und Kalenderzifferblatt angetrieben.*
Erbaut von Pfarrer Philipp Matthäus Hahn (1739–1790) in Kornwestheim, 1774
Höhe 282 cm

7 *Kleine Tischuhr mit Etagenanordnung von Spindelgeh-, Wecker- und Schlagwerk in einem Bergkristallzylinder. Oberer Abschluß ist das sich drehende Zifferblatt. Der obere Zylinder liefert eine Wochenanzeige.*
Frankreich, um 1560
Höhe 147 mm ▷

8 △   10 ▽   9 △   11 ▽

Gegenüberliegende Seite:

8 Silberne Taschenuhr. Weißes Emailzifferblatt mit kleinem Ziffernring, für Stunden und Minuten rechts, links für Datum. Darüber österreichischer Doppeladler. Zentralsekunde, Spindelwerk mit Schnecke und Kette.
Wien, um 1780
ø 60,5 mm

9 Taschenuhr in reich ornamentiertem vergoldetem Schmuckgehäuse, Emailkartuschen, Spindelwerk mit Kette und Schnecke (vgl. auch Abb. 104).
Sign.: Helme, London, um 1770
ø 59 mm

10 Präzisionspendule mit Zentralsekunde und Thermometeranzeige auf dem oberen Zifferblatt, Kalenderindikation und Mondphase auf dem unteren Zifferblatt. Fein gearbeitetes Uhrwerk mit Rost-Kompensationspendel.
Aus dem Hause Lépine, Paris, um 1850
Höhe 545 mm

11 Dekorative Automatenuhr als Tischuhr in vergoldetem dekoriertem Gehäuse. Der Automat betätigt die Bewegung eines Schwans, in Schlangenlinien fallende Kugeln, sowie Fische auf fließendem Wasser. Reich dekoriertes Messingwerk mit Stundenschlag und Carillon-Spielwerk auf acht Glocken.
China, 18. Jahrhundert
Höhe 575 mm

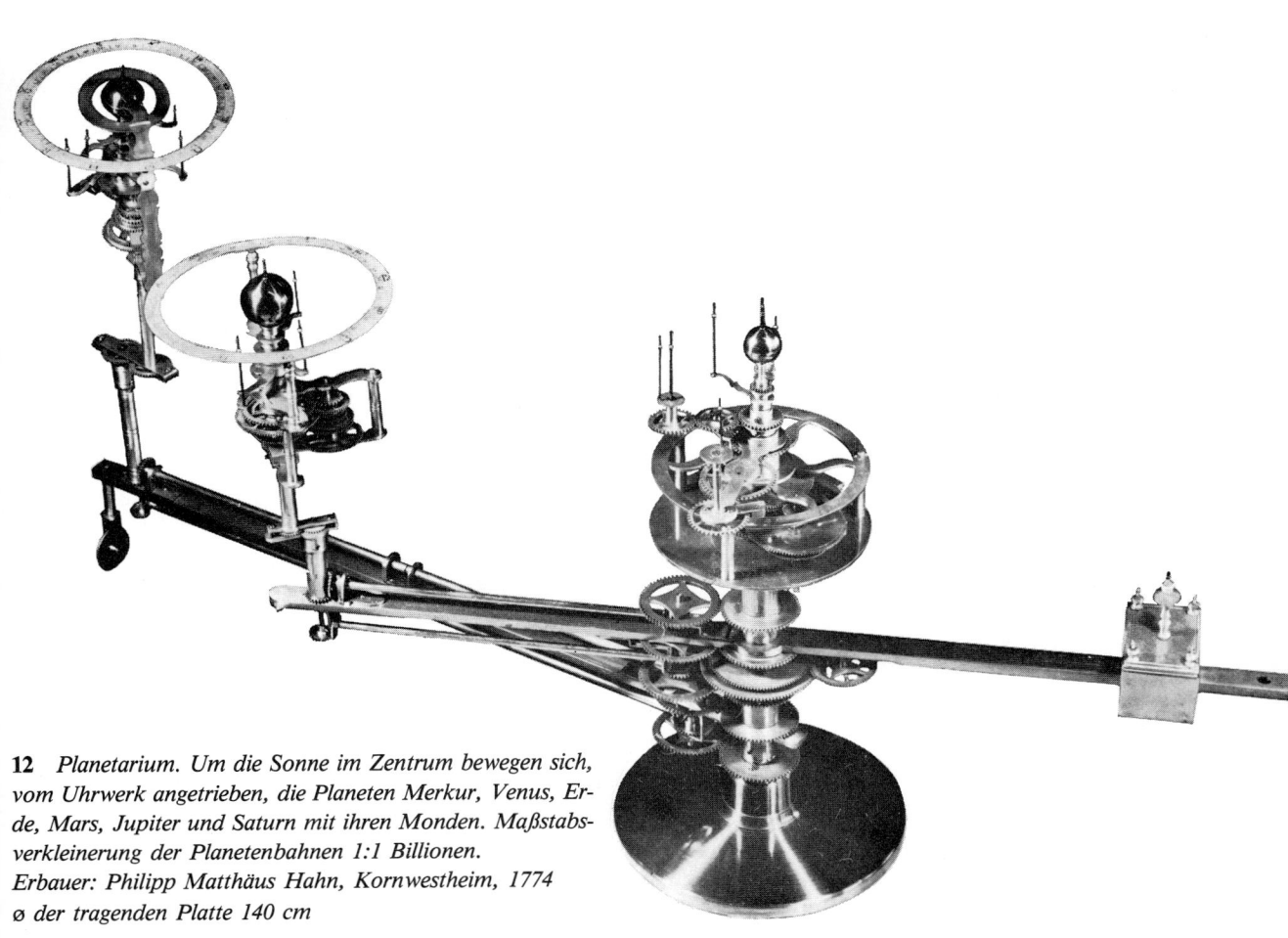

12 Planetarium. Um die Sonne im Zentrum bewegen sich, vom Uhrwerk angetrieben, die Planeten Merkur, Venus, Erde, Mars, Jupiter und Saturn mit ihren Monden. Maßstabsverkleinerung der Planetenbahnen 1:1 Billionen.
Erbauer: Philipp Matthäus Hahn, Kornwestheim, 1774
ø der tragenden Platte 140 cm

13 *Astrolabium. Gerät zur Bestimmung der Gestirnhöhe und der Zeit.*
Persien, 18. Jahrhundert
ø 58 mm ▽

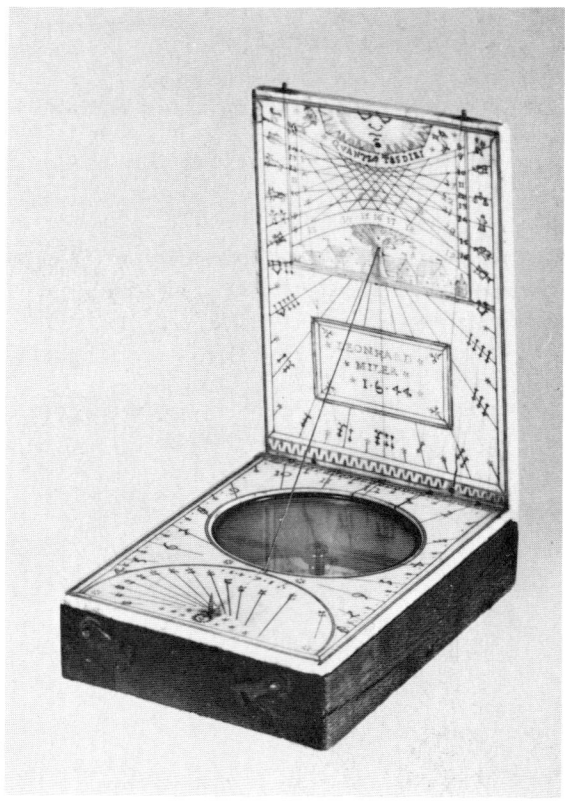

14 *Elfenbeinerne Taschensonnenuhr mit Kompaß.*
Sign.: Leonhard Miler, Nürnberg, 1644
Maße 70 × 114 mm, Höhe 30 mm

15 *Mittagskanone, Sonnenuhr auf einem Marmorsockel, bei der das Brennglas zur Mittagsstunde einen Pulversatz zündet.*
Frankreich, nach 1800
ø 290 mm ▷

16 *Universalsonnenring zur Bestimmung der wahren Orts-zeit, unter Berücksichtigung des Monats und des Breiten-grades.*
Sign.: J. M. Worgan, um 1690
ø 135 mm

17 Kerzenwecker. Die brennende Kerze ist mit Stundenmarken zur Zeitansage versehen. An eine Nadel wird ein Gewicht gehängt, das beim Annähern der Flamme in die Schale fällt und durch die Kette ein Glöckchen betätigt. Süddeutschland, 18. Jahrhundert Höhe 390 mm

18 Sanduhr mit vier Gläsern. Abmessungen der Glasanordnung 240 × 370 mm ▷

Aufbau der mechanischen Räderuhr

Bauteile

Uhren unterscheiden sich in vielerlei Hinsicht. Es gibt Kirchturmuhren und Armbanduhren, Uhren mit besonders kostbaren Gehäusen, Uhren aus Holz, aus Eisen und aus Messing, Nachtwächterkontrolluhren und Taschenuhren mit Spielwerk. Diese Aufzählung ließe sich beliebig verlängern. Die Mannigfaltigkeit spricht unser Auge an und kann Interesse wecken. Doch gleichzeitig ist die Gefahr groß, daß Vielfalt zu Verwirrung führt.

Bevor deshalb die historische Entwicklung der Räderuhr dargestellt wird, sind einige grundsätzliche Bemerkungen über deren Aufbau und Arbeitsweise nötig. Betrachtet wird also jetzt nicht die einzelne Uhr mit ihren Besonderheiten, sondern das, was allen Uhren gemeinsam ist. Außerdem werden einige wichtige Fachausdrücke erklärt. Bei diesem Vorgehen zeigt sich, daß die Vielfalt auf eine leicht überschaubare Zahl technischer Systeme zurückzuführen ist.

Bei jeder Räderuhr kann man folgende Hauptgruppen von zusammenwirkenden Einrichtungen unterscheiden:

Funktionseinheiten	Ausführungsformen
Antrieb mit Aufzugsvorrichtung	Gewicht, Feder
Räderwerk	Zahnräder und Triebe
Anzeigesystem	Zeigerwerk, Zeiger, Zifferblatt
Hemmung	Spindel, Anker, Hemmungsgrad
Gangregler = „Zeitnormal"	Waag, Pendel, Unruh

Das *Antriebssystem* kann als ein Energiespeicher angesehen werden, hier wird mechanische Energie abrufbereit gespeichert, vergleichbar der elektrischen Energie einer Batterie. Wenn man die Uhr aufzieht, durch Hochziehen der Gewichte bei Gewichtsuhren oder durch Aufwinden der Feder bei Federuhren, wird dem Speicher von außen neue Energie zugeführt. Diese Energie soll möglichst gleichmäßig an das Räderwerk abgegeben werden. Dazu wurden für Uhren mit Federantrieb Ausgleichsvorrichtungen erdacht.

Eine solche Vorrichtung ist die Schnecke, die vom 15. bis zum 19. Jahrhundert in fast allen Arten federgetriebener Uhren Verwendung fand. Mit Hilfe der Schnecke soll erreicht werden, daß die Kraft der Feder jeweils gleich stark wirkt, das Drehmoment zum Betrieb der Hemmung also konstant bleibt. Federhaus und Schnecke sind durch eine Darmsaite, später durch eine feingliedrige Kette, fest miteinander verbunden. Aufgezogen wird die Uhr durch Drehen der Schnecke und Aufwinden der Darmsaite auf die von außen nach innen kleiner werdenden Umgänge der Schnecke. Dabei spannt die Darmsaite die in der Federhaustrommel liegende Antriebsfeder der Uhr, indem sie das Federhaus dreht. Beim Entspannen der Feder wird die Darmsaite wieder auf die Federhaustrommel aufgewunden. Da die Federspannung jedoch zu Anfang größer ist, wird durch den kleineren inneren Schneckenradius das Drehmoment zum Antrieb der Uhr über das Schneckenrad etwa auf dem gleichen Wert gehalten, der bei stärker entspannter Feder infolge des außen größeren Schneckenradius erzeugt wird.

Ein anderes Problem ist die *Laufdauer* einer Räderuhr. Gotische Eisenuhren aus dem 16. Jahrhundert mußten spätestens alle zwölf Stunden aufgezogen werden. Doch bereits im 17. Jahrhundert wurden in Augsburg auch Uhren mit einer Laufdauer von einem Jahr, sogenannte Jahresuhren, gebaut. Im 19. Jahrhundert waren Tisch- und Wanduhren mit Achttagewerk weit verbreitet. Man findet jedoch in dieser Zeit neben den Monatswerken oder gar Jahreswerken von Präzisionswanduhren auch noch 12-Stunden-Werke, etwa bei der einfachen Schwarzwalduhr. Taschenuhren des 19. Jahrhunderts waren üblicherweise mit Laufwerken ausgestattet, die jeweils nach 24 Stunden aufgezogen werden sollten, wenngleich sie einige Stunden länger mit einem Aufzug laufen konnten.

Das *Räderwerk* hat die Aufgabe, die Antriebskraft auf Gangregler und Zeigerwerk zu übertragen. Große Zahnräder mit vielen Zähnen greifen in kleine Zahnräder mit wenigen Zähnen (Triebe) ein. Solche Zahnradverbindungen (Getriebeeingriffe) großer Räder in kleine Triebe führen zu einer Bewegung der folgenden Räder jeweils mit Umkehr der Drehrichtung bei wachsender Geschwindigkeit und abnehmender Kraft. Das letzte Zahnrad des Uhrwerks dreht sich also am schnellsten und kann am leichtesten abgebremst werden.

Robert Gerwig hat 1852 diese Zusammenhänge so formuliert: ,,Würden keine Reibungen stattfinden, so nähme die Geschwindigkeit nach oben im gleichen Verhältnis zu, in welchem die Kraft abnimmt oder mit anderen Worten, das Produkt aus der Kraft in die Geschwindigkeit würde in jedem Punkt des Räderwerks das gleiche sein.''

Das *Anzeigesystem* besteht aus Zeigerwerksrädern, Zeigern und Zifferblatt oder Zifferblättern. Zeiger und Zifferblätter sind für alle Zeitteilungen, also insbesondere für Jahre, Monate, Wochen, Tage, Stunden, Minuten, Sekunden möglich. Vor 1700 hatten die Uhren meist nur einen Zeiger für die Stunden. Eine Abweichung von 15 Minuten je Tag war damals durchaus normal. Von Kaiser Karl V. (1500–1558), der ein großer Uhrenfreund war, ist das Wort überliefert, daß es leichter sei, ein Weltreich zu regieren als zwei Uhren übereinstimmend zum Schlagen zu bringen. Erst mit Einführung des Pendels um 1700 wurde nach entsprechender Verbesserung der Genauigkeit der Minutenzeiger üblich.

Weitergehende Forderungen nach einer Sekundenanzeige waren wiederum sinnvoll, als die Uhrwerke einen bestimmten Stand der Präzision erreicht hatten. Dies traf bei guten englischen Bodenstanduhren bereits nach 1700, bei hochwertigen Taschenuhren um 1800 zu. Stärkere Verbreitung fand die Sekundenanzeige jedoch erst im 19. Jahrhundert. Das Wort Sekunde kommt aus dem Lateinischen (secunda pars), es ist die „zweite" Unterteilung der Stunde nach der Minute.

Zusammen mit dem Gehäuse bestimmt das Zifferblatt die äußere Erscheinung einer Uhr. Das Zifferblatt gibt daher oft erste Hinweise auf Alter und Herkunft. Solche Erkennungsmerkmale liefert in ausgeprägter Form das bunt bemalte Holzlackschild der Schwarzwälder Uhr ähnlich wie das große Emailzifferblatt mit Messingumrandung der Comtoiser-Uhr. Ebenso charakteristisch ist das typisch geformte, meist gravierte Messingzifferblatt englischer Stutzuhren (bracket clocks) oder das metallgetriebene Blatt der süddeutschen Telleruhren. Auch bei Taschenuhren gibt es eine Reihe derartiger Merkmale, etwa die Form des Bügelknopfs oder die Art der Gravierung, doch hier fällt dem Laien eine Orientierung schwerer.

Im Gegensatz zu unserer Zeit, die bei Zifferblättern wie bei den Uhrengehäusen meist auf funktionale Schlichtheit abhebt, wurde bis Anfang des 20. Jahrhunderts der künstlerischen Gestaltung von Frontseite und Gehäuse fast immer besondere Bedeutung beigemessen.

Als *Gangregler* diente bei ortsfesten Uhren bis gegen Ende des 17. Jahrhunderts die Balkenwaag, auch Foliot genannt. Außerdem gab es damals auch Uhren mit radförmigem Schwingkörper (Unrast). Als Zwischenform trat später das Kurzpendel auf, das vor dem Zifferblatt hin und her schwingt. Die Normalform seit dem 18. Jahrhundert ist das Schwerkraftpendel. Bei sehr alten tragbaren Uhren hat man eine Abwandlung der Waag, die Löffelunruh, als Gangregler verwendet.

Weitere Etappen der Entwicklung führten über die Radwaag oder Unrast zur heute noch gebräuchlichen Unruh, bei der ein runder Schwingkörper mit einer Spiralfeder verbunden ist. Die Aufgabe des Gangreglers besteht darin, den Takt für die Drehung der Zeiger zu liefern, also gleichbleibend und wiederholbar bestimmte Zeitspannen abzugrenzen. Je exakter dieses mechanische „Zeitnormal" arbeitet, umso genauer geht die Uhr.

Die *Hemmung* hingegen blockiert kurzzeitig den gleichmäßigen und relativ schnellen Ablauf des Räderwerks, der vom Antriebssystem verursacht wird. Das geradezu Symbol der Uhr gewordene „Tick-Tack" ensteht dadurch, daß die Hemmung in ein Zahnrad eingreift. „Ein weggeschobenes und stets wiederkehrendes Hindernis", so beschreibt der Tübinger Mechanikprofessor Poppe 1819 die Arbeitsweise der Hemmung. Sie zählt und registriert die Schwingungen des Gangreglers und steuert damit den Ablauf der Uhr. Gleichzeitig führt die Hemmung dem Gangregler immer wieder eine bestimmte Energiemenge zu, um dessen Schwingungen in Gang zu halten.

Während die deutschen Uhrmacher von Hemmung sprechen, also das bremsend-eingreifende Element besonders betonen, betrachten Engländer und Franzosen diesen Teil der Uhr aus anderer Sicht. Für die dortige Namensgebung war der Zahn des Steigrades maßgebend, der sich gerade dem Zugriff der „Hemmung" entziehen kann. Im Englischen ist daher von „escapement" (von escape: entfliehen) und im Französischen von „échappement" die Rede.

Das System Gangregler – Hemmung

Versuche der Uhrmacher, die Ganggenauigkeit der Räderuhr zu verbessern, haben an vielen Stellen angesetzt. Die Lagerung der Wellen fand ebenso Interesse wie die Entwicklung neuer Zahnformen und die Optimierung der Eingriffsabstände. Neue Schmiermittel sowie zahlreiche Metalle und Legierungen wurden erporbt. In Zusammenhang damit standen Versuche, die Uhren gegen äußere Einflüsse wie Temperaturschwankungen, Stöße oder Lageveränderungen abzusichern.

Besondere Aufmerksamkeit galt jedoch dem System Gangregler – Hemmung. Historiker haben über 250 in Details voneinander abweichende Hemmungssysteme aufgefunden. Man kann den Zusammenhang zwischen Gangregler und Hemmung, das zentrale Problem der Räderuhr, vereinfachend auf folgende zwei Fragen einengen:

– Welche mechanischen Bauteile sind geeignet, möglichst gleichbleibende Zeiteinheiten zu liefern und damit als „Zeitnormal" zu dienen?
– Wie läßt sich die für die Energiezufuhr zum Gangregler notwendige Berührung zwischen Hemmung und Gangregler gestalten, daß dieser in seinem „Eigenleben" möglichst wenig gestört wird?

Die ältesten Räderuhren hatten als Gangregler die Balkenwaag, als Hemmsystem die Spindelhemmung. Die Balkenwaag besteht aus einer Art Schwingbalken, der an einem Faden aufgehängt hin und her pendelt. Dieser Balken ist fest mit einer Achse verbunden, an der zwei etwa rechtwinklig zueinander stehende Metallappen angebracht sind. Diese Spindellappen greifen jeweils abwechselnd in ein Zahnrad ein. Der wechselseitig angestoßene Balken führt jedoch keine freien Eigenschwingungen mit vorgegebener Schwingungsdauer aus, sondern schwingt abhängig von der Größe der Antriebskraft. Die Folge ist, daß Uhren mit Balkenwaag nicht allzu genau gehen. Die Ganggenauigkeit der Waaguhren liegt in der Größenordnung von einer Viertelstunde am Tag, was immerhin schon eine Messung auf etwa ein Prozent genau bedeutet.

Auch das kurze Vorderpendel entwickelt keine konstanten Eigenschwingungen und gilt somit vom System her gesehen als Abwandlung der Waaguhr. Während bisher das Kronrad, in das die Spindellappen eingreifen, senkrecht stand, liegt jetzt dieses Zahnrad auf dem Gehäuse waagrecht mit den Zähnen nach oben. Die Spindellappen greifen von oben her ein, die Spindelachse liegt über dem Kronrad. Das Kurzpendel ist die im rechten Winkel abgebogene Verlängerung dieser waagrechten Spindelachse.

Dieses Konstruktionsprinzip stammt aus dem 17. Jahrhundert. Es fand bis ins 19. Jahrhundert hinein Verwendung, wobei in späterer Zeit nicht die Genauigkeit der damit ausgestatteten Uhren, sondern das Festhalten an der bekannten Konstruktion und der optische Reiz des lebendig vor dem Zifferblatt schwingenden Pendels maßgeblich für den Weiterbau gewesen sein dürften. Im Vergleich zu den älteren Uhren mit Balkenwaag hat das Vorderpendel auch schon wesentlich bessere Gangergebnisse ermöglicht, wenngleich der Schritt zur Präzisionszeitmessung damit noch nicht möglich war. Der entscheidende Fortschritt im Uhrenbau trat ein, als Gangregler mit weitgehend konstanter Eigenschwingung entdeckt und verwendet wurden.

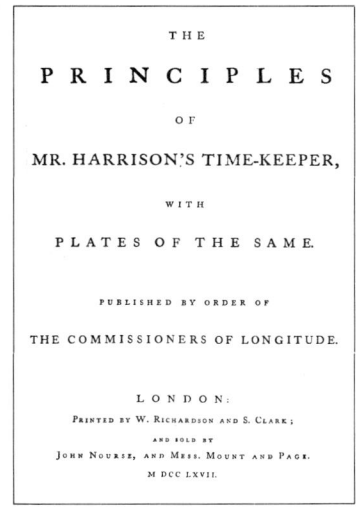

19 *Titelblatt einer Monographie über Harrisons See-Chronometer*

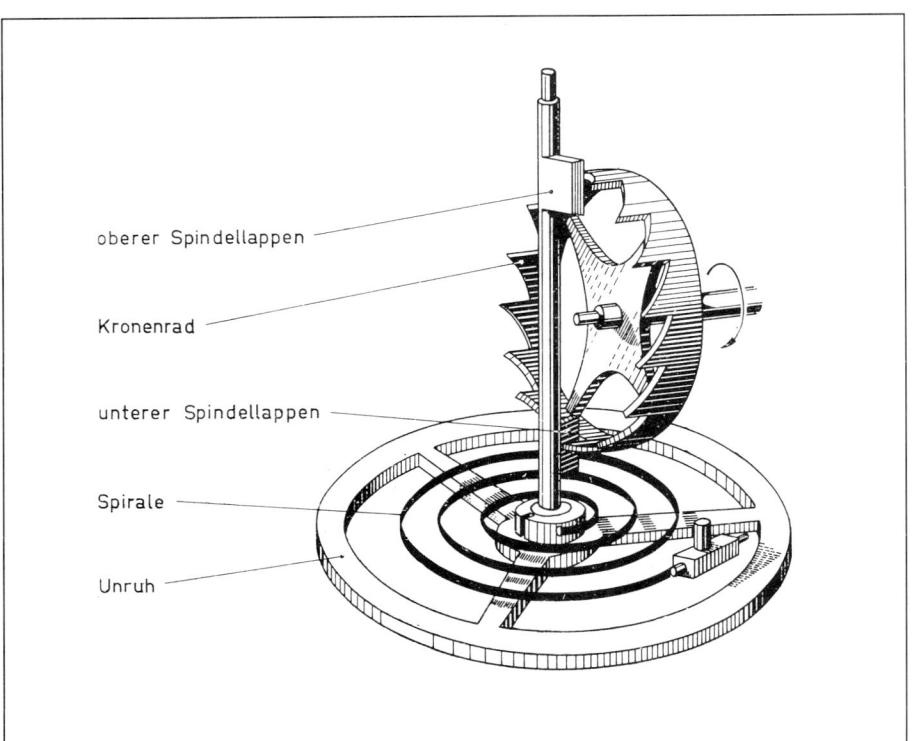

oberer Spindellappen

Kronenrad

unterer Spindellappen

Spirale

Unruh

◁ 20 *Unruh und Spirale einer Taschenuhr mit Spindelhemmung*

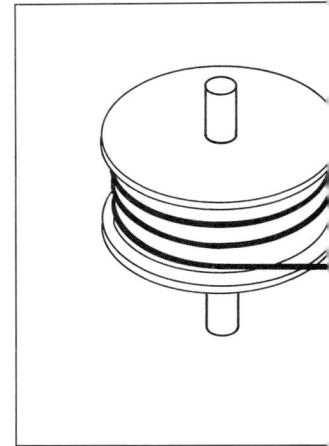

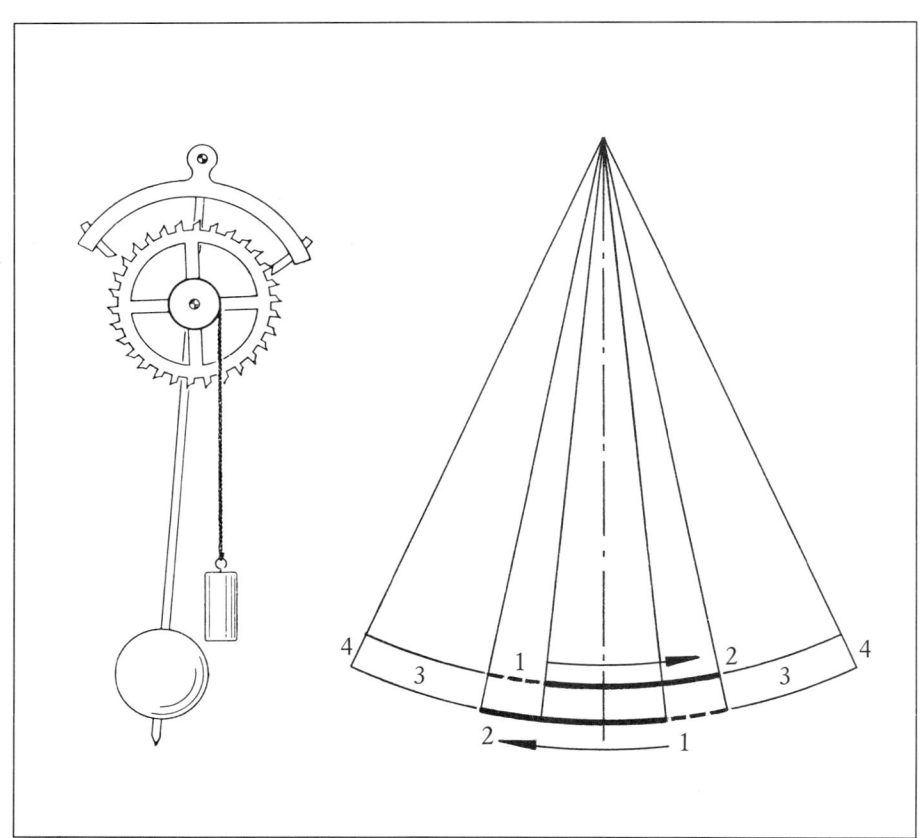

◁ 21 *Prinzip einer Pendeluhr; Erläuterung der Pendelschwingung in vier Phasen:*
1 *Auslösung*
2 *Antrieb*
3 *Ergänzungsschwingung*
4 *Umkehrpunkt*

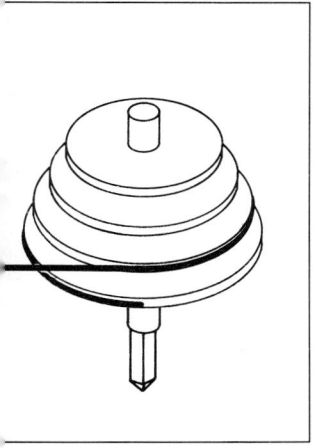

△ **22** *Anordnung von Schnek-
ke und Kette zum Ausgleich
der Federkraft*

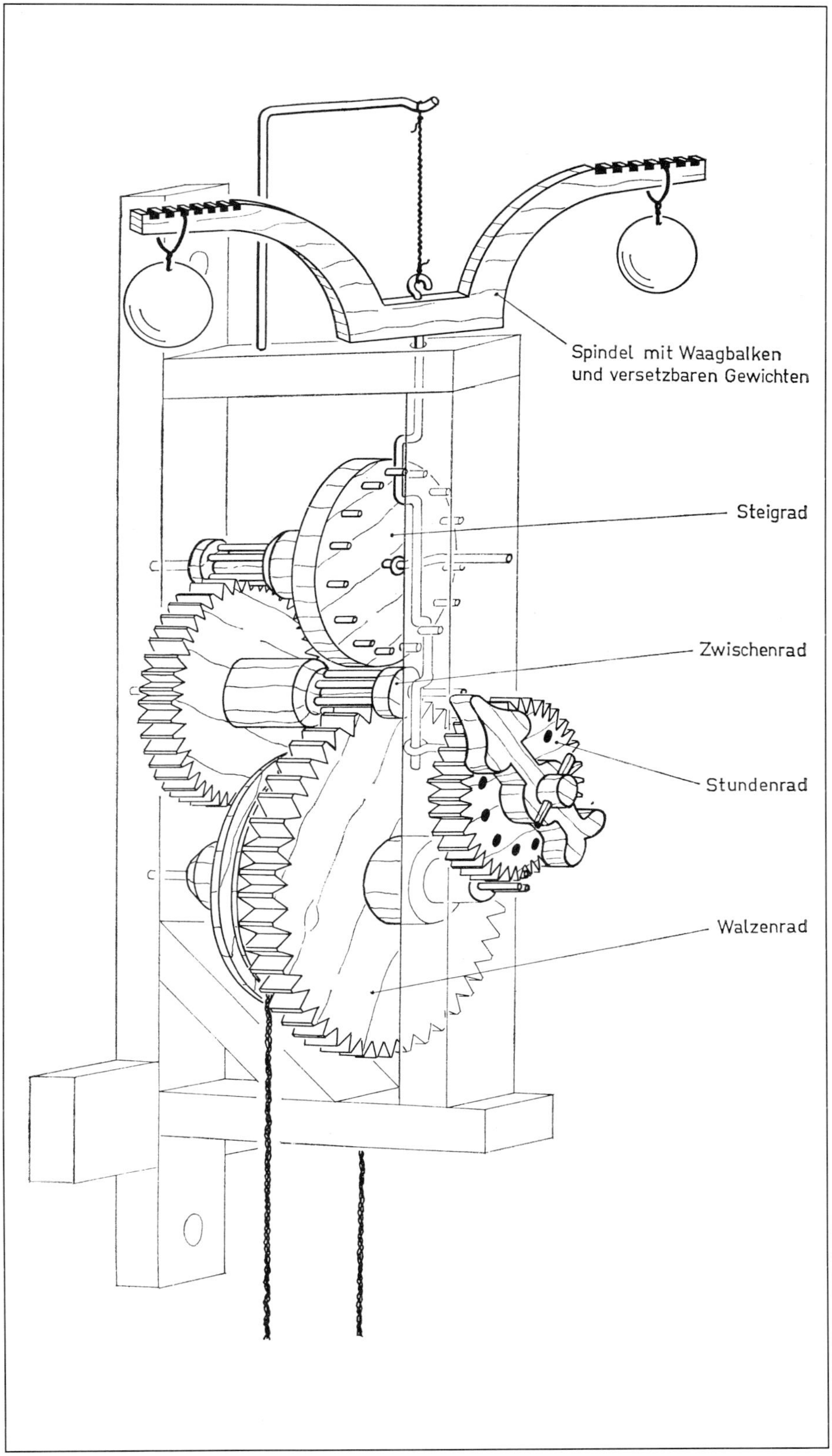

Spindel mit Waagbalken
und versetzbaren Gewichten

Steigrad

Zwischenrad

Stundenrad

Walzenrad

23 *Anordnung eines Waag-
uhrwerks mit Gewichtsan-
trieb*   ▷

Bei ortsfesten Uhren geschah dies mit der Einführung des Schwerkraftpendels. Ähnliche physikalische Eigenschaften wie das Schwerkraftpendel entwickelt auch die Unruh, ein mit einer Spiralfeder verbundener radförmiger Schwingkörper. Ein mögliches Hemmungs-System ist die Verbindung der Spindelhemmung mit einer Unruh. Das System war bei Taschenuhren seit dem frühen 18. Jahrhundert bis etwa 1840 nahezu allgemein üblich.

Hohe Präzision wurde bei mechanischen Uhren allerdings erst dann erreicht, als einerseits die Eigenschaften des Gangreglers (Pendel, Unruh), weiter verbessert, gleichzeitig aber auch die Verbindung zwischen Gangregler und Hemmung auf kurze Intervalle eingegrenzt waren.

In der Uhrmacher-Fachsprache ist es üblich, die einzelnen Hemmungssysteme bestimmten Gruppen zuzuordnen. Die dahinterstehende Systematik soll hier vereinfacht am Beispiel einer Pendeluhr mit Ankerhemmung dargestellt werden. Wenn das Pendel und der mit ihm verbundene Anker von links zur Mittellage schwingt, gibt die rechte Seite des Ankers das Steigrad frei – *Auslösung*. Das Rad bewegt sich um einen halben Zahnabstand weiter und fällt dann gegenüber auf den linken Arm des Ankers – *Fall*. Gleichzeitig wird dadurch das Pendel angetrieben. Während der eingreifende Ankerarm die Weiterbewegung des Steigrades verhindert, schwingt das Pendel weiter – *Ergänzungsschwingung* oder Überschwung. Nach Erreichen seines Umkehrpunktes kehrt das Pendel zurück und bewirkt dabei den entsprechenden Vorgang am anderen Ankerarm. Betrachtet man jetzt, wie sich die „Ergänzungsschwingung" auf den Eingriff zwischen Anker und Steigrad auswirkt, so sind drei Möglichkeiten zu unterscheiden:

Rückführende Hemmungen:
Nach Eingreifen des Ankers wird das Steigrad ein wenig entgegen der Antriebsrichtung zurückgedrückt. Die Schwingung des Pendels wird dadurch abgebremst, während die Rückwärtsbewegung des Steigrades auf das Antriebssystem störend einwirkt. Zwischen Gangregler und Hemmung besteht fast ununterbrochen eine kraftschlüssige Verbindung.

Zur Gruppe dieser rückführenden Hemmungen gehören alle Arten der Spindelhemmung, ebenso die einfachen Ankerhemmungen. Als Beispiele seien die 1680 von William Clement in die Uhrmacherei eingeführte Hakenhemmung und der „Schwarzwälder Blechankergang" genannt. Letzterer setzte sich im Schwarzwald nach 1760 allgemein durch.

Ruhende Hemmungen:
Bei einem zweiten Hemmungstyp ruht das Steigrad während der Pendelschwingung fast ganz. Die Spitze des Gangradzahns reibt lediglich auf der zugewandten „Ruhefläche" des Ankers. Wie bei der rückführenden Hemmung fällt der Anker in das Gangrad ein. Jedoch findet keine Rückführung statt, da das Gangrad während der weiteren Pendelschwingung in Ruhe bleiben kann. Die Verbindung zwischen Gangregler und Hemmung ist auf geringe Reibung reduziert worden.

Hier wäre als klassisches Modell für Großuhren der von George Graham 1715 entwickelte Grahamgang zu nennen. Uhren mit diesem Gang erreichen große Genauigkeit, die Gangabweichungen lassen sich unter einer Sekunde am Tag halten, sofern die Pendellänge mit einer Temperatur – Kompensationseinrichtung konstant gehalten wird.

24 *Blechankerhemmung, bei den Schwarzwälder Uhren des 19. Jahrhunderts die Normalform*

Für tragbare Uhren, besonders Taschenuhren, wurde damals mit der Zylinderhemmung eine andere Form der ruhenden Hemmung entdeckt, die später weite Verbreitung speziell bei einfacheren Kleinuhren fand. Hierbei greift ein besonders gestaltetes Zahnrad in einen aufgeschnittenen Hohlzylinder ein, auf dem die Unruh mit Spiralfeder angebracht ist. Infolge der ungleichmäßigen Reibungsverhältnisse während der Unruhschwingung funktionieren Taschenuhren mit dieser konstruktiv weniger aufwendigen Hemmung jedoch nicht so genau wie solche mit freien Ankerhemmungen.

Freie Hemmungen:

Der Kontakt zwischen Gangregler und Hemmung wird nur hergestellt, wenn dem Schwinger – möglichst kurzzeitig – Energie zugeführt werden soll.

Verschiedene Typen der freien Hemmung wurden im 19. Jahrhundert für den Bau hochwertiger Taschenuhren entwickelt. Bekannt wurde neben der englischen Spitzzankerhemmung besonders die „Schweizer Ankerhemmung". Die Ankergabel, mit eingesetzten Edelsteinen (Steinpaletten), greift in ein raffiniert gestaltetes Zahnrad mit sog. Kolbenzähnen ein.

Freie Hemmungen, zu denen auch die Chronometerhemmungen zählen, gehören zu den diffizilsten Gebilden der mechanischen Uhrentechnik. Eine einfache Sonderform der freien Hemmung ist die Stiftankerhemmung. Ein Metallanker mit zwei kurzen Stiften berührt ein einfaches, ohne viel Aufwand herstellbares Gangrad. Im Zeitalter der Uhrenindustrie haben die Massenartikel, wie einfache Armbanduhren, Taschenuhren und Wecker, häufig Stiftankerhemmung.

Im Unterschied zur speziellen Chronometerhemmung wird das Wort Chronometer (wörtlich: Zeitmesser) für Uhren benutzt, die, ohne Rücksicht auf ihre Konstruktion, hohen Genauigkeitsanforderungen entsprechen. Die amtliche Definition für Taschenuhr- und Armbandchronometer lautet: „Ein Chronometer ist eine in verschiedenen Lagen und Temperaturen feingestellte Präzisionsuhr, für die ein offizielles Gangzeugnis ausgestellt wurde." Die Anforderungen an diese Gangzeugnisse hat man, den Fortschritten der Uhrentechnik entsprechend, von Zeit zu Zeit erhöht.

Einige typische Beispiele für die Kombination von Hemmung und Gangregler zeigt die folgende Tabelle:

Gangregler	Hemmung	Uhrentypen
Balkenwaag	Spindel	Gotische Wanduhren Kirchturmuhren, 14./17. Jhdt.
Radwaag	Spindel	Gotische Stuhluhren, 16./17. Jhdt. Sackuhren, 16./17. Jhdt.
Pendel	Anker (rückführend)	Schwarzwälder Wanduhren 19. Jhdt.
Pendel	Anker (ruhend)	Präzisionsregulatoren, 18./19. Jhdt.
Unruh	Spindel	Taschenuhren 1700–1850
Unruh	Zylinder (ruhend)	Einfache Taschenuhren der 2. Hälfte des 19. Jhdts.
Unruh	Anker (frei)	Taschen- und Armbanduhren, 20. Jhdt.

Heute sind wir gewohnt, daß technische Erkenntnisse veröffentlicht und unter Fachleuten diskutiert werden. Dagegen waren früher bei den Uhrmachern – wie bei anderen Handwerkern auch – Berufsneid und Geheimniskrämerei weit verbreitet. Durch Erfahrung gewonnene Erkenntnisse wurden eifersüchtig gehütet, sodaß Erfindungen oft mehrfach unabhängig voneinander gemacht wurden. Noch Anfang des 19. Jahrhunderts haben Uhrenhersteller – wie Zeitgenossen berichten – eine Decke über ihre Arbeitsgeräte gelegt, wenn ein fremder Besucher die Werkstatt betrat.

Im Zeitalter der Industrialisierung ließ sich diese Einstellung nicht ganz durchhalten. Zudem war die Uhrentechnik inzwischen so kompliziert geworden, daß die herkömmliche Handwerksausbildung nicht mehr ausreichte. Für die ,,höhere Uhrmacherkunst'', wie um die Mitte des 19. Jahrhunderts eine beliebte Bezeichnung lautete, wurden Ausbildungsstätten nötig, die Theorie und Praxis miteinander verbinden konnten. So entstanden Uhrmacherschulen, die erste 1824 in Genf. In Deutschland gewannen die Uhrmacherschulen in Furtwangen (gegr. 1850) und Glashütte/Sachsen (gegr. 1878) bald überregionales Ansehen.

Trotz der aufgezeigten Schwierigkeiten galt jedoch das Uhrmacherhandwerk Jahrhunderte hindurch als Inbegriff der Präzision schlechthin. An der Spitze des handwerklich-technischen Fortschritts war es Schrittmacher für viele andere Technologien. Schon vor 200 Jahren gelangte man bei Uhren mit der Sekundenpräzision zu Ganggenauigkeiten von einem Tausendstel Prozent. In manchen Zweigen der Technik werden derartige Meßgenauigkeiten noch heute nicht erreicht. Dagegen sind gegenwärtig Zeitmessungen genauer als auf ein Billionstel möglich. Die Zeitmeßtechnik hat damit ihre herausragende Stellung beibehalten.

Weckeinrichtung und Schlagwerk

Die früheste Zusatzeinrichtung, neben der Zeitanzeige, dürfte bei der mechanischen Uhr das *Weckwerk* gewesen sein. In der einfachsten Form handelt es sich dabei um eine Spindel, die sich nach der Auslösung schnell hin- und herbewegt und mit einem Hämmerchen gegen eine Glocke schlägt. Die Auslösung des Weckerwerks besorgte ein Einstellstift auf der Weckerstellscheibe des Zifferblatts, die sich mit dem Stundenzeiger dreht. Angetrieben wurden frühe ,,Wecker'' von kleinen Gewichten.

Es gibt kaum eine Uhrensorte, die nicht schon mit einer Weckeinrichtung kombiniert wurde, von der Damenarmbanduhr bis zur Bodenstanduhr. Während anfangs nur ortsfeste Uhren derartige Mechanismen enthielten, entstand in der Renaissancezeit ein neuer Uhrentyp, der häufig mit Wecker ausgestattet wurde, die transportable Reiseuhr. Universelle Verbreitung findet die Weckeruhr allerdings erst im Industriezeitalter.

Fabrik, Verkehrswesen und Großstadt haben zusammengewirkt, daß der Wecker von einem nützlichen zu einem lebensnotwendigen Gut wurde. Die arbeitsteilige Organisation des Industriebetriebs erzwang pünktlichen Arbeitsbeginn. Verspätungen wurden durch rigorose Lohnabzüge geahndet. Wer nicht pünktlich war, versäumte Eisenbahn und Straßenbahn, störte als

25 *Schloßscheibensteuerung eines Stundenschlagwerks*

Schüler den Unterricht der Schule. Die industriell gefertigten Wecker wurden zu einem Massenartikel, den jeder sich leisten konnte, aber auch leisten mußte. Im Jahre 1885 kostete ein transportabler Metallwecker dem Arbeiter etwa einen halben Wochenlohn, nach 1910 einen halben Tageslohn.

Das *Schlagwerk* einer Kirchenuhr konnte urkundlich bereits im 14. Jahrhundert nachgewiesen werden. Seitdem hat es sich bei Wand- und Tischuhren zu einer nahezu selbstverständlichen Zusatzeinrichtung entwickelt. Diese Uhren haben also zwei Werke, ein Gehwerk und ein Schlagwerk, die getrennt aufgezogen werden müssen. Zwei Hauptformen sind allgemein verbreitet, ein starres und ein flexibles System – Schloßscheibenschlagwerk und Rechenschlagwerk. Beim älteren Schloßscheibenschlagwerk ist auf einem besonderen Rad, der Schloßscheibe, Reihenfolge und Anzahl der Schläge in Form von Erhebungen und Einschnitten gespeichert. Wiederholungen sind nicht möglich, es sei denn, die Schloßscheibe wird, wie bei manchen Schwarzwalduhren, wieder ein Stück zurückgeführt. Die Auslösung erfolgt über das Gehwerk mit Hilfe verschiedener Hebel. Bei Abweichungen zwischen Zeigerstellung und Schlagfolge, etwa, wenn das Schlagwerk vor dem Gehwerk abgelaufen ist, muß man die Uhr nachschlagen lassen. Im ungünstigsten Fall ist somit ein Nachschlagen von elf Stunden nötig. Schloßscheibenschlagwerke wurden noch im 20. Jahrhundert häufig gebaut.

Die Nachteile dieser Schlagwerkform vermeidet das 1676 von dem Engländer Edward Barlow erfundene Rechenschlagwerk. Für den Namen ist ein rechenförmiger Hebel verantwortlich, der in ein Zahngetriebe eingreift. Zur Steuerung der Schlagzahl dient eine mit dem Stundenrad des Zeigerwerkes fest verbundene Stufenscheibe, von deren Stufen die Schlagzahl durch einen Stift abgetastet wird. Je weiter der Stift herunterfällt, ehe er auf der Stufenscheibe aufliegt, umso größer ist die Schlagzahl. Bei Rechenschlagwerken besteht also eine direkte mechanische Verbindung zwischen Zeigersystem und Schlagwerk. Zeitanzeige und Schlagfolge stimmen immer überein. Die Schlagfolge kann beliebig oft wiederholt (repetiert) werden. Das Rechenschlagwerk stellt höhere konstruktive Anforderungen als das Schloßscheibenschlagwerk und wurde daher nur zögernd eingeführt.

Weit verbreitet sind Uhren mit Stundenschlag, bzw. Stunden- und Halbstundenschlag. Beim Viertelstundenschlag wird häufig ein zweites Schlagwerk benötigt. Als Klangkörper dienten bis ins 19. Jahrhundert meist Glocken, danach dominieren andere Schallgeber. Bei der Tonfeder wird ein eingerollter Stahldraht angeschlagen, beim Tonstab berührt ein Hämmerchen einen einseitig befestigten Metallstab. Auch Taschenuhren wurden mit Schlagwerken ausgestattet, als aufwendigste Form wäre hier die Minutenrepetition zu nennen.

◁ **26** *Schwarzwälder Holzuhrwerk mit kurzem Vorderpendel.*
Um 1750
Höhe 300 mm

27 *Runde Telleruhr, Treibarbeit mit vier Medaillons, die Darstellungen aus der Leidensgeschichte Christi zeigen. Geh- und Schlagwerk mit zwei Metallglocken, Langpendel.*
Süddeutschland, Mitte 18. Jahrhundert
Höhe 355 mm ▷

28 *Eiserne Waaguhr mit bemaltem Blechschild, Gehwerk mit Balkenwaag, Stundenschlag auf Glocke.*

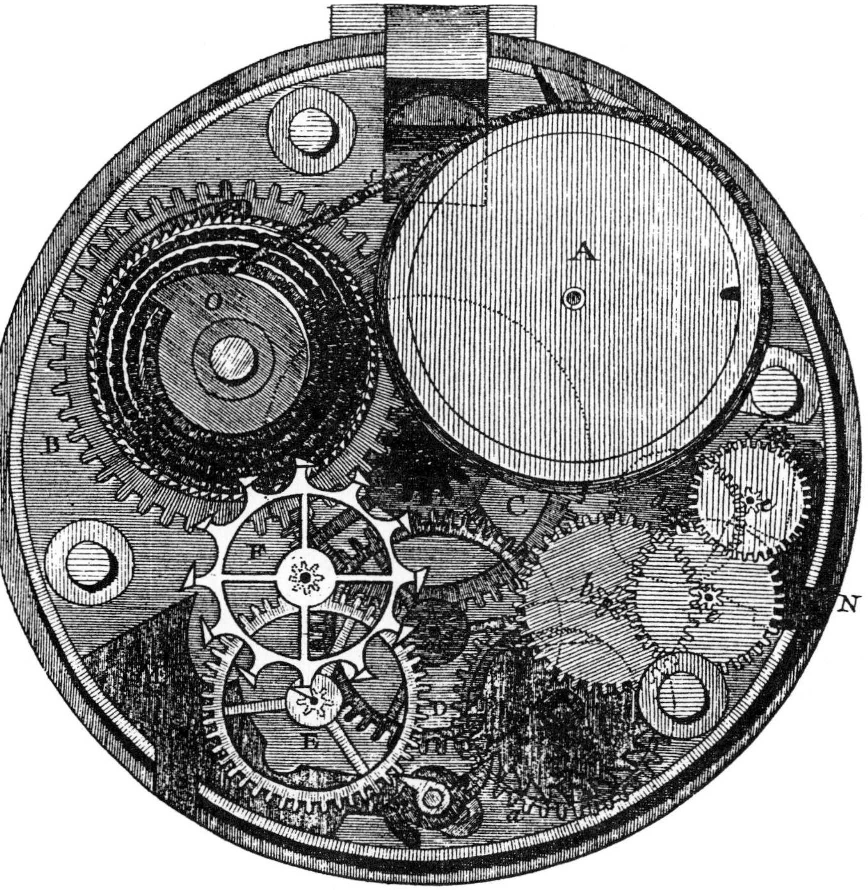

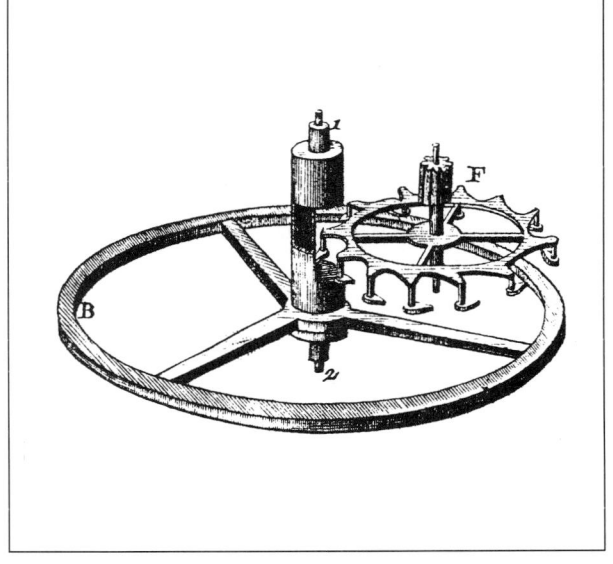

29 *Darstellung eines Taschenuhrwerks mit Zylinderhemmung. Hemmungspartie dieses Werkes.*
(Aus: Abraham Rees, ,,Clocks, Watches and Chronometers", 1819—20)

30 *Detaildarstellung des Zylinders mit Zylinderrad von Abb. 29* ▷

31 *Kompliziertes Taschenuhrwerk mit Repetitionseinrichtung, Abfrageschlagwerk.*
(Aus: Rees, 1819–20)

Gegenüberliegende Seite:

32 *Konstruktion einer Schweizer Ankerhemmung.*
(Aus: J. H. Martens, ,,Atlas zur Beschreibung der Hemmungen der höheren Uhrmacherkunst", 1857)

33 *Konstruktion einer Chronometerhemmung mit Feder.*
(Aus: Martens, 1857)

Fig. 1.
Fig. 2.

32 △

33 ▽

Fig. 1.
Fig. 2.
Fig. 3.

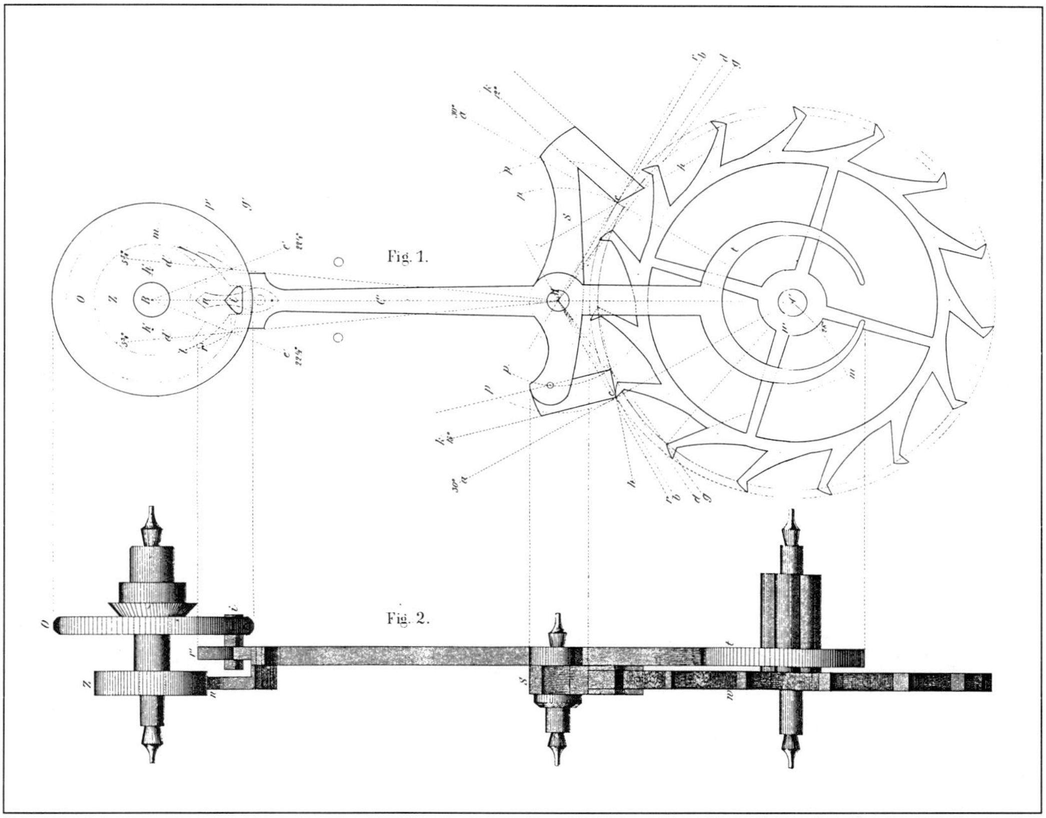

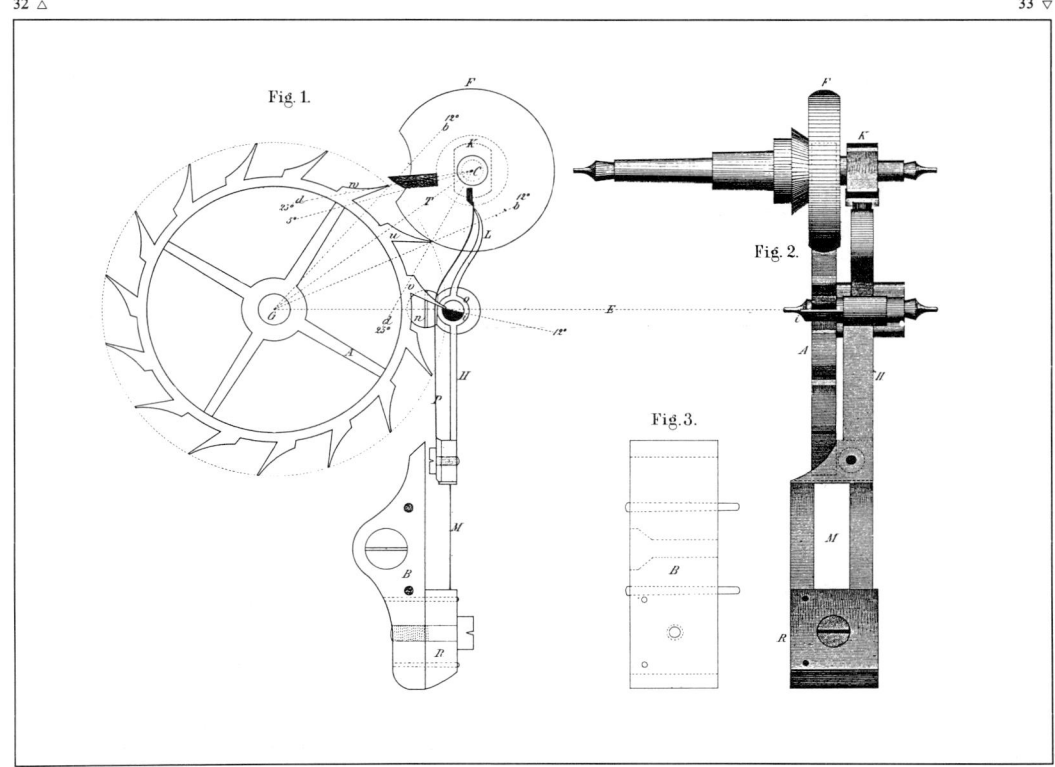

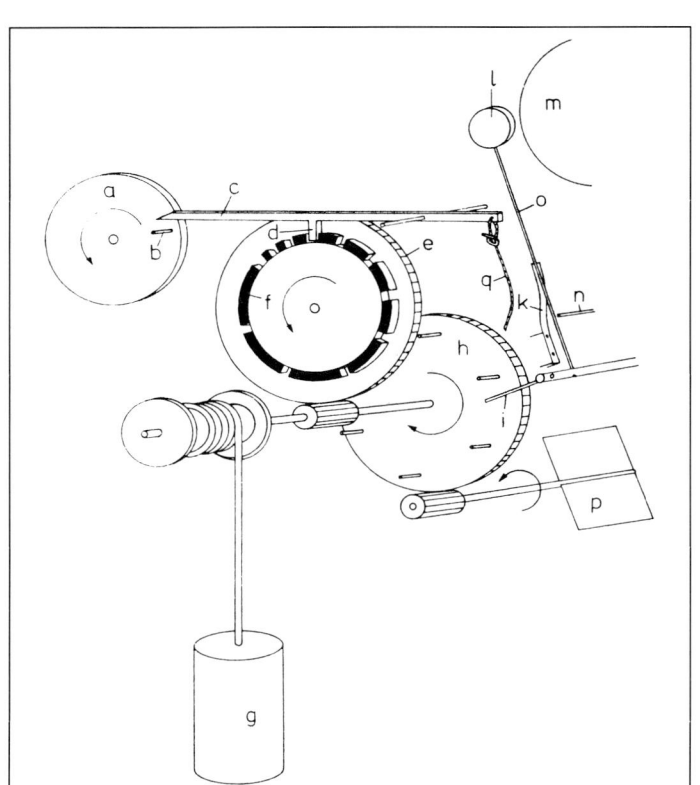

34 *Prinzipdarstellung des Schloßscheibenschlag-werks*

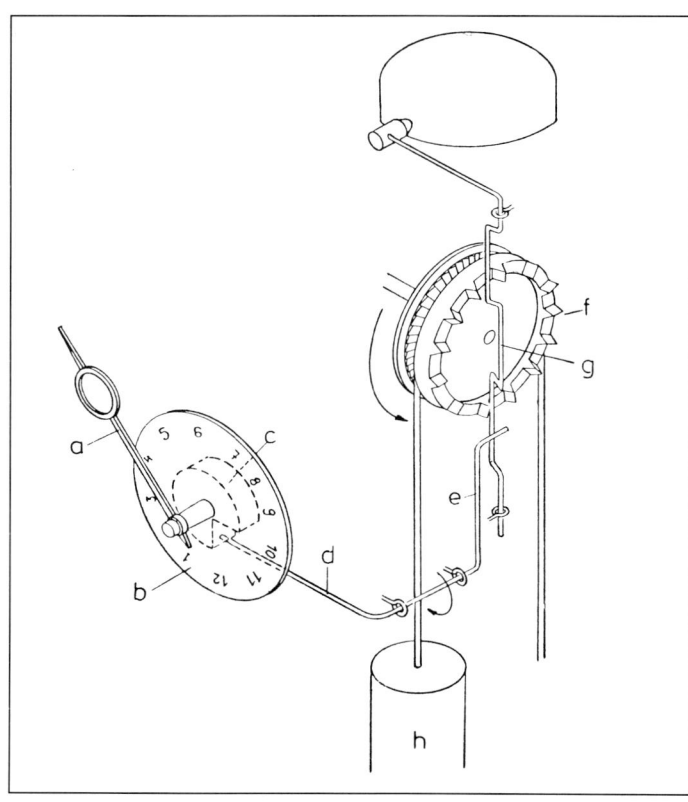

35 *Zeichnung eines Weckerwerks mit Gewichts-antrieb*

36 *Rechenschlagwerk. Massives Uhrwerk mit Carillon von der Firma M. Bäuerle, St. Georgen, 1900.*
Höhe 460 mm ▷

37 *Eiserne Kirchturmuhr mit Spindelhemmung und langem Pendel, Stunden- und Viertelstundenschlagwerk.*
Sign.: Aloysius Fezler, Alt-Breysach, 1775
Höhe 198 cm

Entstehung und erste Entwicklungsphase der Räderuhr

Kirchturmuhren – Rathausuhren – Monumentaluhren

Viel Scharfsinn wurde aufgewandt, um die Entstehung der Räderuhr zu erforschen. Es gibt schöne Legenden und kühne Deutungsversuche in Schriften über frühe Uhren, aber keine exakten Hinweise auf den Erfinder der Räderuhr. Einzelne Bauteile wie Zahnräder, Gewichtsantrieb und Anzeigevorrichtung waren seit langem bekannt. Doch die Verbindung dieser Elemente zu einem Zeitmeßgerät gelang erst im ausgehenden Mittelalter. Die entscheidende Erfindung war ein Hemmungssystem, das ein gewichtsgetriebenes Räderwerk gleichmäßig ablaufen läßt.

Urkundlich lassen sich erste Räderuhren um 1300 in England und Italien nachweisen. Dante vergleicht in seiner Dichtung, ,,Die göttliche Komödie'', den Tanz der Seligen mit den Drehungen der Räder einer Uhr. ,,Und wie im Werk der Uhr die Räder gehn, so daß, wenn man drauf achtet, stets das letzte zu fliegen scheint, das erste stillzustehn ...'' Hundert Jahre später gab es Kirchturmuhren bereits in vielen größeren Städten Europas. Die Stunden wurden optisch durch Stundenanzeiger auf dem Zifferblatt, bald auch akustisch durch Schlagwerke auf Glocken angezeigt.

Im gleichen Zeitraum entstanden außerdem astronomische Monumentaluhren, so die berühmte Straßburger Münsteruhr im Jahre 1352. Diese Uhr war knapp 12 Meter hoch und stand im südlichen Seitenschiff des Münsters. Die Aufgabe, komplizierte Monumentaluhren zu bauen, hat auch in späteren Jahrhunderten die Uhrmacher beschäftigt. Ein Beispiel bietet die von August Noll zwischen 1880 und 1885 konstruierte Kunstuhr mit automatischer Steuerung von nahezu 50 Funktionen.

Besonders im 15. und 16. Jahrhundert haben viele Städte an ihren Rathäusern astronomische Uhren und Glockenspiele mit beweglichen Figuren angebracht. Die öffentlichen Schlaguhren dürften wesentlich dazu beigetragen haben, von den jahreszeitlich verschieden langen ,,Temporalstunden'' – im Sommer waren die zwölf Tagesstunden länger, im Winter die zwölf Nachtstunden – zu unserer gewohnten Zählweise zu kommen, bei der unabhängig von Tag und Nacht jede Stunde gleich lang ist.

Viele dieser frühen Großuhren wurden zerstört oder im Laufe der Zeit mehrmals umgebaut. Daher sind besonders bei den mittelalterlichen Kirchturmuhren nur unsichere Rückschlüsse auf die ursprüngliche Form möglich. Es handelt sich hierbei um eiserne, in Schmiedetechnik hergestellte Mechanismen, die durch sehr schwere Gewichte angetrieben wurden. Vermutlich sind die wesentlichen Konstruktionsmerkmale jedoch Jahrhunderte hindurch unverändert geblieben, so daß auch die aus späterer Zeit erhaltenen Uhren einen richtigen Eindruck von den frühen Formen vermitteln können.

Die ältesten Räderuhren in kleinerem Format dürften die Wanduhren der Türmer gewesen sein. Sie lassen sich bereits Mitte des 14. Jahrhunderts nachweisen. Hierbei handelt es sich um zweckbetonte, schmucklose Uhren mit wenigen Zahnrädern und einer einfachen Weckvorrichtung. Sie sollten den Türmer an seine Aufgabe erinnern, auf einer Kirchenglocke die Stunden zu schlagen. Später, als die städtische „Zentraluhr" mit mechanischem Schlagwerk ausgestattet war, sorgten die Weckuhren dafür, daß die Brandwachen auf den einzelnen Türmen ihre Aufgabe ernst nahmen.

Wie die bisherige Darstellung erkennen läßt, hatten also die frühesten Räderuhren die Aufgabe, den für das kirchliche und öffentliche Leben notwendigen Zeitablauf zu messen und damit zu ordnen. Auch Türmeruhren dienten öffentlichen Zwecken, indem sie zur Wachsamkeit aufgefordert haben. Hier beginnt im übrigen eine Entwicklungslinie, die von Türmeruhren über Nachtwächterkontrolluhren und Gesindewecker hinführt zu den Fabriksirenen und den Stechuhren, Stoppuhren und Zeitüberwachungssystemen unserer Tage. Mit Hilfe der Uhr konnte Kontrolle mechanisiert werden.

Gotische Stuhluhren und Wanduhren

Erst gab es also die öffentliche Uhr, dann entstand die Uhr für Wohnräume und danach die tragbare Uhr. Im Laufe der Geschichte rückten uns die Uhren immer näher und beeinflußten den Rhythmus des Lebens. Die Taschenuhr der zweiten Hälfte des 19. Jahrhunderts wird tagsüber ständig in der Westentasche getragen, die Armbanduhr des 20. Jahrhunderts „hautnah" am Arm.

Die unterschiedliche Größe der Uhren — einerseits Kirchen- und Rathausuhren, andererseits Zimmeruhren und tragbare Uhren — hat auch an den Uhrmacherberuf unterschiedliche Anforderungen gestellt. Die Großuhrmacher oder Monumentaluhrmacher galten als freie Künstler und unterlagen nicht dem Zunftzwang. Zur Verwirklichung ihrer Konstruktionen griffen sie auf die Fachkenntnisse und Technik der Schmiede zurück, wogegen die Kleinuhrmacher anfangs eng mit dem Schlosserhandwerk verbunden waren.

Allmählich, so in Nürnberg 1565, entwickelte sich jedoch das Uhrmachergewerbe neben den Schlossern zu einem eigenständigen Handwerkszweig mit eigener Zunftordnung. Allerdings kennt die Technikgeschichte auch Uhrmacher, die hervorragende Leistungen sowohl im Bau von Großuhren wie im Bau von Kleinuhren vollbracht haben. Die Zunftgliederung hat sich auf die fachliche Leistungsfähigkeit der Uhrmacher und die Weiterentwicklung der Uhrentechnik in verschiedenen Zeitabschnitten recht unterschiedlich ausgewirkt.

Zweifellos waren die Uhrmacher in der Anfangsphase gezwungen, sich durch handwerkliches Können und Ideenreichtum besonders zu qualifizieren. Später hat jedoch die Zunftverfassung oft dazu geführt, den einmal erreichten Stand der Technik lediglich festzuschreiben oder im Detail abzuwandeln, während weiterführende Ideen nicht zum Tragen kamen. Deshalb wird der deutliche Niedergang der deutschen Uhrmacherei in der zweiten Hälfte des 17. Jahrhunderts nicht nur auf die Auswirkungen des Dreißigjährigen Krieges zurückgeführt, sondern auch auf Erstarrungserscheinungen im zünftlerischen Handwerk.

Aus der Türmeruhr hat sich die spätgotische Wanduhr mit ihrem komplizierten Räderwerk, mit bemaltem Metallzifferblatt und meist mit Schlagwerk entwickelt. Deutlicher als bei diesen Wanduhren treten jedoch die Stilelemente der Gotik bei den Stuhluhren hervor. Der Name Stuhluhr rührt daher, daß diese Uhren auf „Stühlchen" mitten im Raum oder auf Wandkonsolen gestanden haben. Da von der Fallhöhe der Gewichte die Laufdauer der Uhr abhängt, ist ein hoher Stellplatz vorteilhaft.

Kennzeichnend für viele Stuhluhren ist die Prismenbauweise, d.h. vier Eckpfeiler mit Lagerbändern nehmen das Räderwerk auf. Diese Lösung bietet mehr Raum – vor allem auch für den Schwingkörper – als die Flachrahmen-Bauweise der frühen Wanduhren. Das eiserne Uhrwerk ist von allen Seiten gut sichtbar, denn die Uhr hat kein Gehäuse. Nur die Vorderseite wird teilweise durch die Zifferblattscheibe verdeckt. Die Pfeiler sind oft als gotische Strebepfeiler ausgebildet und laufen über den Glocken zusammen. Auch hier treten gotische Schmuckelemente besonders deutlich in Kreuzblumenform hervor. Solche Uhren wurden schon vor der Mitte des 15. Jahrhunderts gebaut, aber auch noch Anfang des 17. Jahrhunderts.

Die gotische Stuhluhr hat auch Uhren der folgenden Epoche noch entscheidend beeinflußt. Dies gilt beispielsweise für die Frühform der Schwarzwälder und Schweizer Holzuhren ebenso wie für die im 17. Jahrhundert in England gefertigten Laternenuhren. Reizvoll ist es zu verfolgen, wie die Laternenuhren – und damit indirekt die gotischen Stuhluhren – sich auf den Uhrenbau in außereuropäischen Ländern ausgewirkt haben. Die japanische Laternenuhr aus dem späten 18. Jahrhundert hat zwei sich automatisch umschaltende Gangregler in Form von Waagbalken für die verschieden langen Tag- und Nachtstunden der alten japanischen Zeitteilung. Gotische Stuhluhren hat man in späterer Zeit oft umgebaut, indem die Balken- oder Radwaag durch ein kurzes Vorderpendel ersetzt wurde. Die Anzeigevorrichtung, bislang nur mit Stundenzeiger, wurde dann durch einen Minutenzeiger ergänzt.

Zum Verständnis der Entwicklungsgeschichte der Uhr erscheint hier ein kurzer Hinweis auf kunstgeschichtliche Epochen notwendig. Wenn man Stilepochen, wie beispielsweise Gotik, Renaissance oder Barock bestimmten Zeitabschnitten zuzuordnen versucht, treten erhebliche Schwierigkeiten auf. Historiker wählen oft andere Zeiteinteilungen als die Vertreter der Kunstgeschichte. Innerhalb der Kunstgeschichte wiederum kann eine Epoche unterschiedlich lange dauern, je nachdem, ob etwa Bauwerke, Gemälde oder Möbel eingeordnet werden sollen.

Für die Geschichte der Uhr datiert die Gotik vom vermuteten Entstehen der Räderuhr im frühen 13. Jahrhundert bis zum Ende der Bauzeit gotischer Stuhluhren um 1640. Andere Uhrenformen hingegen, wie Tischuhren und tragbare Uhren, wurden bereits um 1500 im Renaissancestil gebaut. Dies bedeutet konkret, daß zu gleicher Zeit entstandene Uhren einmal gotische Stilelemente aufweisen, im anderen Fall den Renaissancetyp verkörpern, im dritten gar schon Anklänge an frühbarocke Formen zeigen können. Exakte Zuordnungen werden durch dieses zeitliche Nebeneinander verschiedener Stile erschwert, zumal örtliche und regionale Besonderheiten zusätzlich berücksichtigt werden müssen.

Sehr frühe Uhren wurden nur selten signiert. Eine Ausnahme machte etwa die „Uhrmacherdynastie" Liechti in Winterthur, sodaß anhand ihrer Uhren auch die Werke anonymer Meister technisch und zeitlich eingeordnet werden können. Später findet man bei eisernen Uhren eingeschlagene Buchstaben und bei Messinguhren seit dem 18. Jahrhundert auch ausgeschriebene Namenszüge, oft mit Ortsangabe. Unentbehrlich für die Uhrenforschung sind die, meist nach Ländern, geordneten Namenslexika früherer Uhrmacher und Spezialwerke über Edelmetall-Signierungen (Beschauzeichen einzelner Orte/Länder).

Tischuhren der Renaissance

Die bisher dargestellten Räderuhren hatten Gewichtsantrieb, ihre Antriebsgewichte mußten außerhalb des Werkes angebracht werden. Bei federgetriebenen Uhren hingegen wurde es möglich, den Antrieb ins Gehäuse selbst zu verlegen. Dies führte zu einer Reihe konstruktiver Veränderungen. Innerer Aufbau und Aussehen der Uhren wandelten sich, sie konnten jetzt kleiner gebaut werden, wobei allerdings die einzelnen Bauteile präziser bearbeitet sein mußten. Ein besonderer Vorteil bestand darin, federgetriebene Uhren im Gehäuse ohne Störung ihrer Funktionen transportieren zu können.

Renaissance-Tischuhren wurden zwischen 1500 und 1650 als hochwertige Gebrauchsuhren wie als Schmuck- und Prunkuhren für die Schatz- und Kunstkammern der Fürsten und Klöster gebaut. Kennzeichnend für diese Zeit ist die Vielfalt äußerer Formen: Türmchenuhren, Dosenuhren, Monstranz- und Kruzifixuhren, Figurenuhren und Automatenuhren. Die kunstvoll und oft aufwendig gestalteten Gehäuse haben eine enge Zusammenarbeit von Goldschmieden, Bronzegießern und Uhrmachern gefördert. Selbst bei den Werkteilen der Uhr wurden um 1600 Verzierungen, Gravuren und Durchbrechungsarbeiten üblich. Oft waren auch die Werke vergoldet.

Bei sehr frühen Renaissanceuhren waren die Uhrwerke noch aus Eisen. Bald verwendete man jedoch Messing, anfangs nur für die Trägerplatten des Räderwerkes (Platinen), nach 1600 auch für das gesamte Uhrwerk. Der klassische Werkstoff der Schlosser, das Eisen, wurde vom Material der Instrumentenmacher, dem Messing, abgelöst. Hochwertige Tischuhren wurden damals auch in Frankreich und England gebaut; aber die wichtigsten Produktionszentren lagen in den oberdeutschen Städten Nürnberg, Ulm, Straßburg, besonders in Augsburg. Auch frühe Ansätze einer Serienfertigung sind erkennbar, wobei Augsburg wiederum eine führende Stellung einnahm. Diese Stadt wurde in der Spätrenaissance zum wichtigsten Uhrenlieferanten Europas.

Als Konstruktionselement wurde das gerollte Federband bereits bei Tür-

und Truhenschlössern verwendet, ehe es in der Uhrmacherei für die Antriebsfeder Eingang fand. Als frühestes Beispiel für das Vorkommen der Antriebsfeder in Verbindung mit Schnecke und Kette in Uhren gilt vielfach die um 1430 entstandene „Burgunderuhr", eine Prunkuhr für den burgundischen Hof. In den Jahren bis 1550 haben die Uhrmacher intensiv nach neuen Konstruktionen für ihre Werke gesucht. Die einzelnen Geh-, Schlag-, Wecker- und Automatenwerke wurden in verschiedenen interessanten Abwandlungen in Kompaktbauweise im Gehäuse untergebracht.

Als bekannteste Renaissance-Tischuhren können die Türmchenuhren gelten. Bei ihnen sind Merkmale der gotischen Eisenuhr mit Konstruktions- und Stilelementen italienischer und französischer Renaissanceuhren verbunden. Im 16. Jahrhundert waren eher gedrungen wirkende Formen der Türmchenuhr verbreitet, späteren Modellen diente oft der freistehende Glockenturm Italiens, der Campanile, als Vorbild. Bei manchen dieser Uhren sind die Glocken des Schlagwerks erkennbar, bei anderen durch Ornamente verdeckt. Die Seitenflächen der Gehäuse wurden sorgfältig graviert und nahmen die verschiedenen Zifferblätter auf, für Stunde und Viertelstunde, für Mondphase und Kalender.

Während die äußere Form der Türmchenuhren sich dem Geschmack der Zeit anpaßte, wurde in Deutschland zwischen 1550 und 1670 das Werk nahezu unverändert weitergebaut, weil dieser Uhrentyp bei den Zünften häufig als Meisterstück vorgeschrieben war. Als Gangregler diente, außer der Radwaag (Unrast), auch eine spezielle Abwandlung der Balkenwaage für federgetriebene Uhren, die sog. Löffelunruh. Die Schwingungsweite der Löffelunruh kann durch Verschieben einer senkrecht stehenden Schweinsborste verändert werden. Sie dient als elastischer Anschlag für das Zurückschwingen.

Während die Türmchenuhren eindeutig als Zeitmeßgeräte erkennbar sind, wird die Zeitanzeige bei den Figurenuhren dem Dekor untergeordnet. Hier prägen Kleinplastiken, etwa Tiere, Statuetten oder Gruppendarstellungen, das Äußere der Uhr. Oft war der Uhrmacher gezwungen, sich mit seinem Werk dem vorgegebenen Gehäuse anzupassen. Die Figuren hat man mit Automatenwerken gekoppelt, so daß, etwa zur vollen Stunde, bestimmte Bewegungen ausgelöst wurden. Bekannt sind aus dieser Zeit auch die Kruzifixuhren. Das Uhrwerk befindet sich im Sockel, die Zeitanzeige erfolgt an einem Ziffernring auf einer Kugel, die sich, vom Uhrwerk angetrieben, über dem Kreuz dreht.

Kennzeichnend für das Zeitalter der Renaissance sind ferner die Dosenuhren. Sie entstanden um 1500, etwa gleichzeitig mit den ersten tragbaren Uhren, mit denen sie viele Konstruktionsmerkmale gemeinsam aufweisen. Dosenuhren sind zierliche Tischuhren in Form runder oder viereckiger Dosen aus feuervergoldeter Bronze, später meist aus Messing. Die horizontal liegenden Werke haben Federantrieb mit Schnecke, Spindelhemmung und Löffelunruh. Das Zifferblatt ist waagrecht auf der Dosenoberseite angebracht.

Bei einer Variante der Dosenuhren wurde auf den unteren Gehwerkteil ein Weckerwerk aufmontiert, so daß eine Uhr mit zwei „Etagen" entstand. Vom aufgesetzten Weckwerk reicht ein senkrechter Hebel auf das waag-

38 *Kunstuhr mit Weltzeitzifferblatt, Kalender, Musik-spielwerk und Figurenautomaten (Hahn, Kuckuck, Nachtwächter, Betglockenläuten, Apostelumgang). Etwa 50 Funktionen werden von zwei Stiftwalzen automatisch gesteuert.*
August Noll, Villingen, 1880–1885
Höhe 302 cm

△ **41** *Eiserne Stuhluhr mit bemaltem Schild, Radwaag, Stundenschlagwerk hinter dem Gehwerk. Gotische Strebepfeiler, Glockenbekrönung.*
Erhard Liechti, Winterthur, 1584
Höhe 360 mm

◁ **39, 40** *Laternenuhr mit Radwaag, Messinggehäuse mit aufgesetzter Bekrönung, vorn graviert. Stundenzeiger, Weckerstellscheibe. Geh- und Stundenschlagwerk hintereinander, Weckeraufzug mit Gewicht hinter der Rückplatine.*
England, 17. Jahrhundert
Höhe 385 mm

49

recht liegende Zifferblatt der unteren Uhr. Sobald der umlaufende Zeiger den Hebel berührt, wird der „Wecker" ausgelöst.

Während die frühen Dosenuhren als transportable Reiseuhren meist zweckorientiert gestaltet waren, wird in einer späteren Periode besonderer Wert auf Formenreichtum und Ornamente gelegt. Diese Reiseuhren enthalten Gehwerk und Weckwerk in einem Gehäuse und sind zusätzlich oft mit Schlagwerk ausgestattet, das bei später gebauten Uhren dieser Art durch Zug an einer Schnur ausgelöst werden kann, so daß bei Dunkelheit die Zeitanzeige hörbar gemacht werden kann.

Halsuhren und Sackuhren — Vorläufer der Taschenuhr

Eine häufig erzählte Legende über Uhren handelt von dem Nürnberger Uhrmacher Peter Henlein und seinen eiförmigen Taschenuhren, den „Nürnberger Eierlein". Leider hält diese Geschichte den Ergebnissen der historischen Forschung nicht stand. Bis heute ist unbekannt, wann und in welchem Land die ersten am Körper zu tragenden Uhren entstanden sind. Frühformen solcher tragbaren Uhren lassen sich in Deutschland, Frankreich und Italien nachweisen.

Peter Henlein, 1542 in Nürnberg gestorben, ist wohl nicht der Erfinder der tragbaren Uhr. Doch mit Sicherheit gehörte er zu den ersten, die diese Uhren meisterhaft herstellen konnten. Seine Uhren haben Aufsehen bei den Zeitgenossen erregt, was sich an Schriften der damaligen Zeit nachweisen läßt. Außerdem hat er entscheidend dazu beigetragen, daß sich die tragbare Uhr in Deutschland durchsetzte. Henlein soll auch kleine Uhrwerke in sog. Bisamäpfel eingesetzt haben, die starke Duftstoffe enthielten und nach Meinung der Zeitgenossen Desinfektionsmittel, Parfüm und zugleich Schmuckstück waren.

Auch die Geschichte von der eiförmigen Taschenuhr bedarf der Berichtigung. Leider sind kaum sehr alte tragbare Uhren erhalten geblieben. Doch legen begründete Vermutungen nahe, daß es sich hierbei um zylindrische, dosenförmige Uhren handelte, die in Beuteln oder an Halsketten getragen wurden. Das Wort „Eierlein" dürfte in Wirklichkeit auf eine falsch verstandene Abwandlung des lateinischen Wortes hora (Stunde) zurückgehen — Hörlein, Öhrlein, Eierlein. Die meisten tragbaren Uhren in Eiform stammen aus der Zeit um 1600.

Der neue Uhrentyp stellte an die Uhrmacher besondere Anforderungen. Unerläßlich war die Antriebsfeder statt eines Gewichtes als transportabler und handlicher Energiespeicher. Das bereits mehrfach angesprochene Problem, die Zugkraft der Antriebsfeder möglichst gleichförmig zu halten, führte zu einer interessanten Konstruktion in Gestalt der Federbremse, auch Stackfreed genannt. Diese Erfindung wird Peter Henlein ebenfalls zugeschrieben. Die Ausgleichswirkung wird bei dieser Anordnung durch einen federnden Hebel erreicht. Er drückt von außen auf eine mit dem Federablauf sich drehende Scheibe von abnehmendem Radius. Mit fortschreitender Entspannung der Zugfeder läßt der Druck auf die kleiner werdende Kurvenscheibe nach. Besonders raffiniert ausgeführte Formen dieses Aus-

42 Reisewecker. Das Weckerwerk ist auf die untere
Dosenuhr aufgesetzt. Spindelhemmung.
Sign.: J. L. Bommel, Nürnberg, um 1690
Höhe 100 mm

43 Kruzifixuhr. Das Uhrwerk im Sockel zeigt auf
der Halbkugel oben die Zeit an. Zum Stundenschlag
bewegt der Soldat seinen Kopf.
Sign.: Nicolas Schmidt, Augsburg, um 1620
Höhe 380 mm   ▷

gleichssystems sorgen sogar für eine Verstärkung der Federkraft in der Endphase des Ablaufs.

Der Stackfreed wurde besonders in Deutschland verwendet. Französische Uhrmacher bevorzugten bereits im 16. Jahrhundert die Schnecke mit Darmsaite. Ein weiterer typischer Unterschied zwischen beiden Ländern ist darin zu sehen, daß in Frankreich bereits Messingplatinen verwendet wurden, als in Deutschland die Uhrwerke noch vollständig aus Eisen waren. Ein zweites zentrales Problem der tragbaren Uhr war die Erfindung eines Hemmungssystems, das unabhängig von Erschütterungen und von der Lage der Uhr zuverlässig arbeitete. Ähnlich wie bei Tischuhren wurde auch bei den tragbaren Uhren die Balkenwaag umgeformt zur Löffelunruh, einem Schwingkörper mit löffelartigen Ausbuchtungen an den Enden. Später verwendete man häufig die Radunrast als frühen Vorgänger der Unruh. Eine befriedigende, alle wichtigen Forderungen erfüllende Konstruktion wurde jedoch erst im ausgehenden 17. Jahrhundert durch Verbindung der radförmigen Unrast mit einer Spiralfeder gefunden.

Schließlich bedeutete die Herstellung tragbarer Uhren auch einen Schritt zur Miniaturisierung, mit dem viele handwerkliche und technologische Schwierigkeiten verbunden waren. Bei tragbaren Uhren mußten auch die Zeiger besonders geschützt werden. In der Anfangszeit übernahmen massive oder durchbrochene Metalldeckel diese Aufgabe. In der zweiten Hälfte des 17. Jahrhunderts setzte sich das Uhrglas langsam durch.

Vielleicht hat sich der Leser gewundert, daß das Wort Taschenuhr noch nicht vorgekommen ist, obwohl in der Umgangssprache der jüngeren Vergangenheit die Taschenuhr geradezu als Gattungsbegriff für tragbare Uhren galt. Deshalb ist dieses Wort jedoch für uhrengeschichtliche Darstellungen nur bedingt brauchbar. Erschwerend kommt hinzu, daß man im Deutschen kein Wort kennt, das sprachlich die am Körper getragenen Uhren von anderen Uhrenformen abgrenzt. Dagegen unterscheidet der Engländer zwischen watch und clock, der Franzose zwischen montre und horloge, wenn die am Körper getragene Uhr von der Raumuhr abgegrenzt werden soll. Taschenuhren in der engen Bedeutung des Wortes, also üblicherweise in der Tasche getragene Uhren, entstanden erst in der zweiten Hälfte des 17. Jahrhunderts. Vorher war das Tragen der Uhr in einer Tasche nur eine der vielen Möglichkeiten, Uhren am Körper mit sich zu führen.

Die ersten tragbaren Uhren aus der Zeit um 1500 ähnelten wahrscheinlich im Aufbau der Werke wie im Äußeren den dosenförmigen Tischuhren. Sie hatten nur entsprechend kleinere Dimensionen. Im Zeitraum zwischen 1560 und 1660 war es Mode, kleine Uhrwerke in allerlei Gehäuseformen einzusetzen. Diese Uhren wurden meist als Halsuhren getragen. Die Vielfalt solcher Renaissance-Schmuckuhren läßt sich kaum vollständig aufzählen, der Phantasie waren keine Grenzen gesetzt. Man findet aus dieser Zeit stern- und kreuzförmige Uhren ebenso wie Uhren in Totenköpfen oder in buchförmigen Gehäusen.

Daneben gab es eine Entwicklung, die nicht auf die Schmuckuhr, sondern auf die strapazierfähige Gebrauchsuhr hin orientiert war. Etwa seit 1580 wurden die ursprünglich meist zylinderförmigen Dosenuhren zu Anhängeruhren in metallischen, wulstförmigen Gehäusen abgewandelt. Hochwerti-

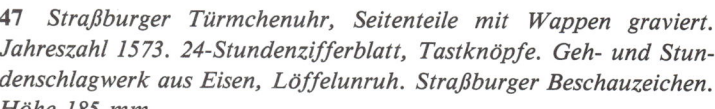

47 Straßburger Türmchenuhr, Seitenteile mit Wappen graviert. Jahreszahl 1573. 24-Stundenzifferblatt, Tastknöpfe. Geh- und Stundenschlagwerk aus Eisen, Löffelunruh. Straßburger Beschauzeichen. Höhe 185 mm

48 Detail zur Türmchenuhr (Abb. 46): linke Seitenfläche mit Madonna im Medaillon in Tiefgravur ausgeführt.

49 Links: Kreuzuhr mit Bergkristallabdeckung und gold-
beschlagenem Ledergehäuse. Silberzifferblatt mit Stundenzeiger. Spindelwerk und Schneckenzug.
Sign.: Charles Bobinet, Paris, um 1650
Höhe 70 mm

Rechts: Schmuckuhr als Halsuhr in reich dekoriertem Ge-
häuse, feuervergoldet. Spindelwerk mit Stundenschlag auf
Glocke.
Sign.: NR (für Nicolaus Rugendas), Augsburg, um 1610
Höhe 82 mm

◁ **50** Eiförmige Taschenuhr mit astronomischen Indikationen: Datum, Wochentag, Monat, Mondaspekte. Spindelwerk mit Schnecke und Kette.
Sign.: Johann Sayller, Ulm, um 1660
Maße 64 × 48 mm

51 △

52 △   53 ▽

51 Frühe Halsuhr mit durchbrochenem und graviertem Gehäuse, silbernes Zifferblatt mit Stundenzeiger, Schutzgehäuse aus Leder. Gehwerk mit Stackfreed und Löffelunruh, Schlagwerk und Wecker.
Sign.: H. R. (Hans Reinboldt), Straßburg, um 1600
ø 61 mm

52, 53 Goldene Schmuckuhr in transluzidem grünem Email. Goldbeschlagenes Lederetui und Gelenkschlüssel. Spindelwerk mit Schnecke und Darmsaite.
Sign.: Abraham Caillatte, Genf, um 1670
ø 23 mm

54 *Barock-Stutzuhr. Schwarzes Holzgehäuse mit Schnitzwerk, vergoldet. Geprägtes Metallzifferblatt mit Kalenderindikationen, Scheinpendel. Uhrwerk mit Schnecke und Kette, Stunden- und Viertelschlag mit Repetition.*
Sign.: Lorentz Comtosi, Klein und Gros Hoff Uhrmacher Im Hoch Fürstl. Stifft Kempten
Süddeutschland, um 1760
Höhe 830 mm

55 *Nachtlampenuhr in Altarform, Gemälde von der Geburt Christi. Spindelwerk mit Federaufzug, ohne Schlagwerk. Das Zifferblatt aus langsam rotierenden Scheiben kann von hinten beleuchtet werden.*
Italien, um 1750
Höhe 620 mm

56 *Löwenautomat. Löwenfigur auf schwarzem Holzgehäuse rollt im Takt des Gangrades die Augen und öffnet beim Stundenschlag das Maul. Spindelwerk mit Schnecke, Darmsaite und Weckerwerk.*
Augsburg, um 1600
Höhe 250 mm ▷

ge Uhren dieser Art konnten um 1600 auch Kalenderwerke enthalten. Wahrscheinlich waren es diese recht voluminösen „Sackuhren", die zur heute gewohnten Form der Taschenuhr übergeleitet haben.

Zu Beginn des 17. Jahrhunderts kam in Blois, der damaligen Residenz der französischen Könige, die Mode auf, kleine Uhren in emaillierte Gehäuse zu montieren. Edelmetallgehäuse mit Emailarbeiten wurden bis Ende des 17. Jahrhunderts von Blois aus in viele europäische Länder exportiert. Neben Edelsteinbesatz und getriebenen Gehäusen blieb Email das erfolgreichste Mittel, Zeitmesser in Schmuckstücke zu verwandeln. Später haben dann Pariser und Genfer Meister die Emailliertechnik zur Vollkommenheit weiterentwickelt. Doch damit wurde bereits auf die folgende Epoche der Uhrengeschichte vorgegriffen.

Die Vervollkommnung der Räderuhr

Die große Zeit der Uhrmacherkunst

Das ausgehende 17. Jahrhundert war aus verschiedenen Blickrichtungen ein wichtiger Einschnitt in der Geschichte der Uhrmacherei. Damals gab die Übertragung der Pendelgesetze auf die Uhrentechnik dem Bau ortsfester Uhren entscheidende Impulse. Die Entwicklung der Unruh mit Spiralfeder beeinflußte richtungsweisend die Konstruktion tragbarer Uhren. Innerhalb weniger Jahrzehnte gelang es, die Ganggenauigkeit der Uhren wesentlich zu verbessern.

In diesem Zeitraum verloren die oberdeutschen Städte ihre Bedeutung als Zentren der Uhrenproduktion. Technologisch und wirtschaftlich übernahmen England und Frankreich deren Führungsposition. Nicht mehr Augsburg und Nürnberg, sondern London, Paris und später Genf wurden die neuen Mittelpunkte der Uhrmacherei.

Schrittweise entwickelten sich arbeitsteilige Produktionsverfahren und über die Größe des Handwerksbetriebs hinausweisende Produktionsstätten. Die Serienfertigung erlaubte es, wenn auch nicht die Uhr für Alle, so doch die Uhr für Viele zu schaffen. Die Massenproduktion der Uhr blieb der Uhrenfabrikation der zweiten Hälfte des 19. Jahrhunderts vorbehalten. War im Zeitalter der Renaissance die Uhr ein Luxusgut, das fast ausschließlich für Fürsten, Adelige und Geistliche, für Klöster und städtische Patrizierhaushalte geschaffen wurde, so gelangte sie jetzt allmählich in den Besitz breiterer Bevölkerungsschichten.

Epochale Bedeutung für die Konstruktion der Tisch-, Wand- und Bodenstanduhren folgender Jahrhunderte hat die Übertragung der physikalischen Eigenschaften des Schwerkraftpendels auf den Uhrenbau. Sie war das Verdienst des holländischen Physikers Christian Huygens (1629–1695). Vor ihm hatte Galileo Galilei um 1580 entdeckt, daß Schwerkraftpendel eine feste Eigenschwingungsdauer haben. Die Unabhängigkeit dieser Schwingungsdauer von der Schwingungsweite heißt Isochronismus der Schwingung. Nach den Angaben von Huygens wurde 1656/57 die erste Pendeluhr gebaut, bei der das Pendel frei schwingt und nicht mehr wie beim Vorderpendel starr mit der Spindelachse verbunden ist.

Im Jahre 1660 erfand Huygens auch die moderne Unruh, indem er den üblichen radförmigen Schwingkörper, die Unrast, mit einer Spiralfeder verband. Damit waren die zur exakten Zeitmessung bei stationären und bei tragbaren Uhren notwendigen Gangregler gefunden. Intensiv weiterentwickelt und in neue konstruktive Lösungen umgesetzt wurden diese Erfindungen damals vor allem von englischen Uhrmachern.

William Clement führte den von Hooke erfundenen Hakengang in die Uhrmacherei ein (1680) und benutzte die Blattfeder als Aufhängung des Pen-

57 Zifferblattansicht eines englischen Marinechronometers.
Sign.: John Poole, Maker to the Admirality, London, Nr. 5089
19. Jahrhundert
ø 80 mm

58, 59 *Marinechronometer in Edelholzgehäuse mit kardani-*
scher Aufhängung. Die Detailaufnahme (Abb. 58) zeigt Teile
eines Chronometerwerks: sichtbar sind besonders Schnecke
und Kette auf dem Federhaus, Aufzugspartie und
Unruhkloben.
Sign.: Henry Frodsham, Liverpool, Nr. 2095
19. Jahrhundert
Breite 150 × Länge 150 mm, ø 80 mm

60 △

61 ▽

62 △

63 ▽

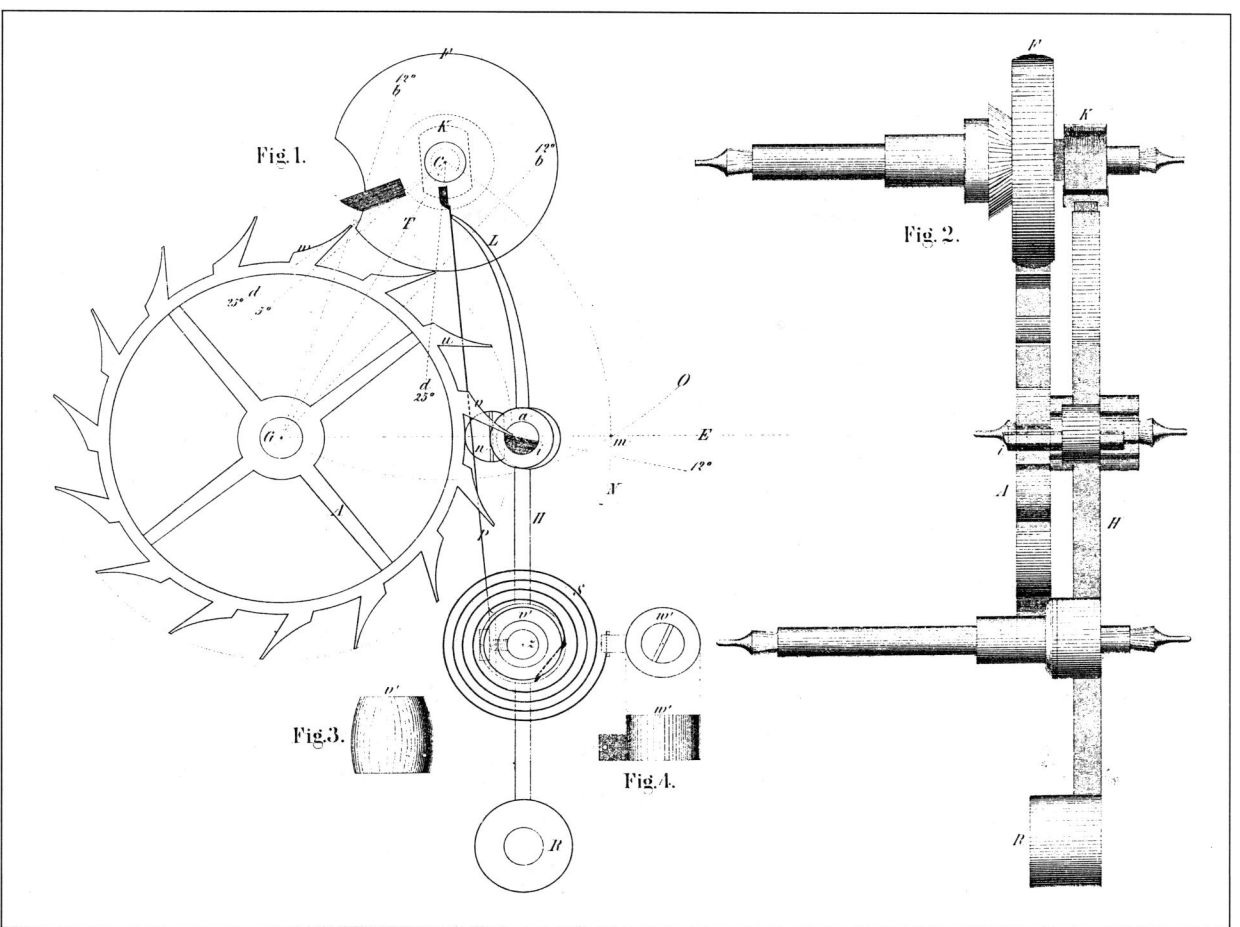

Fig.1.

Fig.2.

Fig.3.

Fig.4.

Gegenüberliegende Seite:

60, 61 *Taschenchronometer in silbernem Gehäuse, Silberzifferblatt mit exzentrischer Sekunde. Werk mit Schnecke und Kette, Chronometerhemmung mit Feder, Kompensationsunruh.*
Sign.: Fr. Gutkaes in Dresden, No. 14, um 1820
ø 60 mm
Als·Zubehör ein Mahagoni-Etui 120 × 95 × 50 mm

62, 63 *Taschenchronometer in Silbergehäuse, Emailzifferblatt mit Thermometerskala oben und exzentrischer Sekunde unten. Ganz in Steinen gelagertes Uhrwerk mit Feder-Chronometerhemmung, Schlüsselaufzug, Kompensationsunruh.*
England, um 1800
ø 58 mm

△ **64** *Chronometerhemmung mit Wippe.*
(Aus: Martens, 1857)

65 △   66 ▽

△ **67** *Beobachtungsuhr in Holzetui. Verschraubtes Metall-*
gehäuse, Zentralsekunde. Ankerwerk, 17 Steine, Kompen-
sationsunruh.
Zifferblattaufschrift: E. M. T. 1172
USA, um 1940
ø 52 mm

65 *Taschenchronometer in Silbergehäuse. Brückenwerk*
mit Schlüsselaufzug, Steinchatons, Feder-Chronometer-
hemmung.
Sign.: Dent, London, um 1840
ø 55 mm

66 *Werkansicht von Abb. 65*

dels. Thomas Tompion entwickelte den ruhenden Zylindergang (1695) und setzte als einer der ersten die moderne Unruh beim Bau von Taschenuhren ein. George Graham baute die klassische Großuhrhemmung (1715). Außerdem experimentierte er mit Kompensationspendeln, um die Auswirkungen von Temperaturschwankungen auf die Länge des Pendels auszugleichen.

Das Streben der Uhrmacher nach größter Genauigkeit der Zeitmessung zeigte sich besonders deutlich an der Entwicklung des Schiffschronometers. Sehr genau gehende Schiffsuhren waren notwendig, um auf hoher See den Standort eines Schiffes bestimmen zu können. Den Breitengrad konnte man aus der Sonnenhöhe mit Hilfe des Sextanten ermitteln, die Richtung durch den Kompaß, doch für die Bestimmung des Längengrades und damit der Entfernung vom Ort der Abfahrt war eine genaue Uhr nötig. Die großen Seemächte der Zeit, Spanien und Holland, vor allem aber England und Frankreich haben der Lösung dieses Problem entscheidende Bedeutung beigemessen.

Technisch bestand das Problem vor allem darin, die Antriebskraft der Uhr möglichst konstant zu halten und zu verhindern, daß die ständigen Bewegungen des Schiffes sich negativ auf den Gang ausgewirkt haben. Es ist eines der faszinierendsten Kapitel der Technikgeschichte, wie englische und französische Uhrmacher und Physiker jahrzehntelang miteinander konkurrierten, um die präzise und zuverlässige Schiffsuhr zu schaffen.

Im Jahr 1761 gelang es dann James Harrison, den von der englischen Regierung bereits 1714 ausgesetzten Preis von 20000 £ zu gewinnen. In 161 Tagen Seefahrt von England nach Jamaika wich sein Chronometer nur um 5 Sekunden ab. Nach weiteren Verbesserungen, vor allem der Chronometer-Hemmungen durch John Arnold (1775) und Thomas Earnshaw (1781), blieben die englischen Uhrmacher auch im 19. Jahrhundert auf diesem Gebiet führend. Schiffschronometer des 19. und 20. Jahrhunderts lassen sich äußerlich leicht erkennen. Sie sind in würfelförmige Edelholzgehäuse eingebaut. Der runde, einer überdimensionierten Taschenuhr ähnelnde Zeitmesser im Innern ist kardanisch aufgehängt, um die Schiffsschwankungen auszugleichen. Zur Sicherheit wurde auf dem Zifferblatt auch eine Skala angebracht, die die Gangreserve anzeigt.

Stutzuhren und Pendulen

Die für viele Renaissanceuhren typischen Metallgehäuse werden in den letzten Jahrzehnten des 17. Jahrhunderts von den Ebenholzgehölzen der Stutz- oder Stockuhren abgelöst. Woher die Bezeichnung Stutzuhr kommt, ist umstritten. Einiges spricht jedoch für die Namensherkunft von den gewichtsgetriebenen Uhren, die auf hohen, manchmal auch seitlich verkleideten Konsolen gestanden haben. Die Stutzuhr wäre dann also eine verkürzte oder ,,gestutzte" Konsolenuhr, deren unterer Gehäuseteil wegen des Federantriebs und des kurzen Pendels entfallen konnte. Stutzuhren waren in Europa sehr beliebt, vielleicht wegen ihrer vielseitigen Verwendbarkeit. Sie konnten an vielen Plätzen aufgestellt werden, auf Kommoden und Konsolen, in Nischen oder auf Nachtkästen. Eine besondere Variante der Stutzuhr sind die vor allem im späten 17. Jahrhundert in Italien gebauten Nachtlampenuhren. Zur rückwärtigen Beleuchtung der mit dem Zifferblatt sich drehenden durchsichtigen Zahlenmarken wird eine Lampe in den Uhrenkasten gestellt. Dadurch hat man gleichzeitig eine Nachtlampe und eine ablesbare Uhr.

Stutzuhren haben rechteckigen Werksaufbau und Federantrieb. Das Pendel schwingt parallel zur Zifferblatt- und Platinenebene und wird durch das Gehäuse vor Störungen geschützt. Frühe Stutzuhren besitzen Spindelhemmungen mit Vorderpendel. Die klassische Stutzuhr oder bracket clock (bracket, engl. Wandbrett), die zugleich den Fortschritt der englischen Uhrmacherei dokumentiert, hat Ankerhemmung und Schwerkraftpendel. Englische Stutzuhren enthalten massive Messingwerke, oft mit Schnecke und Kette zum Ausgleich der Federantriebskraft. Meist sind auch Schlagwerke, vor allem Rechenschlagwerke, sowie Kalenderwerke eingebaut. Weitere Kennzeichen der bracket clocks sind die rechteckigen Metallzifferblätter — seit 1720 oben durch einen Schildbogen ergänzt —, und die reich gravierten rückwärtigen Platinen. Der Kenner unterscheidet am Aufsatz die einzelnen Stilperioden. Dieser Uhrentyp beeinflußte auch die deutschen Uhrmacherei.

Noch stärker als von englischen Stilrichtungen wurde die äußere Gestalt der deutschen Uhren des 18. Jahrhunderts von Frankreich geprägt. Frühe französische Stutzuhren aus der zweiten Hälfte des 17. Jahrhunderts hatten noch rechteckige schwarze Holzgehäuse ohne viel Zierrat. Doch bald entwickelte sich die unverwechselbare Gestalt der französischen Stutzuhr, die meist prunkvolle Pendule. Eine genaue Beschreibung ihrer Abwandlungen in der Abhängigkeit vom Möbelstil der Zeit würde eine eigene Darstellung erfordern.

Technisch gesehen sind die Pendulen federgetriebene Stutzuhren, anfangs mit Spindelhemmung, später mit Ankerhemmung und Hinterpendel. Der Name kommt vom französischen Wort „Pendule" für Pendel. Die Laufdauer der Werke ist üblicherweise acht Tage. Der Viertel- und Stundenschlag erfolgt mit Schloßscheiben-Schlagwerken auf Metallglocken. Damals mußte sich das Uhrwerk häufig dem Äußeren der Uhr unterordnen. Die künstlerisch hochwertigen Gehäuse wurden von spezialisierten Kunstschreinern, den Ebenisten gebaut, wobei die Pariser Meister trotz zahlreicher Nachahmungen überall in Europa unerreicht blieben. Manchmal wurden auch Uhrengehäuse in andere Länder exportiert und die Werke dann von örtlichen Uhrmachern angefertigt und eingebaut.

Pendulen stehen häufig auf eigens angefertigten Konsolen, wodurch ihre Größe und Raumwirkung gesteigert zur Geltung kommt. Für die Gehäuse waren Einlegearbeiten aus Schildpatt und Messing sehr beliebt. Dieses Verfahren geht auf den Kunsttischler André Charles Boulle (gest. 1732) zurück, man spricht deshalb auch von Boulle-Technik. Form und Farbe einzelner Pendulen erlauben ihre zeitliche Zuordnung. Die Vorliebe für rote und grüne Schildpattgehäuse mit Bronzedekorationen gilt als typisches Merkmal der Zeit um 1750 (Louis XV.).

Der französische Einfluß läßt sich deutlich an vielen süddeutschen Stutzuhren im Barock- und Rokokostil erkennen. Andere Uhren dieser Periode

68 *Prunkpendule im Stil Louis XV, rot geflammtes Schildpattgehäuse auf passendem Wandsockel. Zifferblatt mit Emailkartuschen, rechteckiges Geh- und Stundenschlagwerk.*
Sign.: Gille Laisné A Paris, um 1750
Höhe 132 cm

Zu Seite 70, 71:
69 *Stutzuhr, Empiregehäuse mit vorderer und seitlicher Verglasung, bemaltes Metallschild, Blumen auf grauem Grund, Datums- und Mondaltersanzeige. Metallräderwerk mit 1/2 Stundenschlag auf Glocke.*
Sign.: P. M. Schaudt à Onstmettingen (Schüler von Philipp Matthäus Hahn), um 1800
Höhe 610 mm

70 *Skelettierte Kaminuhr auf Marmorsockel, Werk auf fein dekorierte Glasplatte montiert, Glassturz. Messingnes Geh- und Stundenschlagwerk in Skelettaufbau.*
Sign.: Lépine à Paris, um 1795
Höhe 480 mm

weisen stärker regionale Merkmale auf. Verzierungen, die bei französischen Uhren in Bronzetechnik ausgeführt waren, hat man bei süddeutschen und österreichischen Uhren oft in Holzschnitzerei ausgeführt. Gleichfalls französische Vorbilder haben die Pendulen geprägt, die seit 1750 bis zur Gegenwart im Schweizer Kanton Neuenburg gebaut werden. Kleine Pendulen aus Sumiswald im Kanton Bern finden wegen ihrer schlichten Formen und soliden Werke noch heute besonderes Interesse.

Die Vielfalt der Uhrenformen des 19. Jahrhunderts, die von Verwendungszweck und technischer Ausstattung her als Nachfolger der Stutzuhren und Pendulen gelten können, ist kaum zu überblicken. Deshalb können hier nur Beispiele erwähnt werden. Englische Tisch- und Kaminuhren des 19. Jahrhunderts haben häufig schlichte Formen und massive Werke, weiterhin mit Kette und Schnecke. Die sog. Wiener Ratsherrenuhr erkennt man an den verspiegelten Rückwänden, den seitlichen Alabastersäulen und dem Schlagwerk (Wiener Schlag). Sowohl als Stutzuhr wie als Wanduhr lassen sich die großflächigen amerikanischen shelf-clocks (shelf, engl. Brett, Bord) nutzen. Die schon um 1850 in den USA üblichen rationellen Fertigungsverfahren haben die Uhrenfabriken Deutschlands erst Jahrzehnte später übernommen.

Recht universell wurde das runde französische Pendulenwerk eingesetzt. Das gesamte 19. Jahrhundert hindurch, auch in Deutschland, waren die französischen Figuren-Pendulen (Kaminuhren) recht beliebt: auffallend vergoldete Figuren oder -gruppen, anfangs aus Bronzeguß, später aus Zinkguß, wurden mit Metall- oder Marmorgehäusen kombiniert. Als weitere Variante der französischen Pendule seien die sog. Portaluhren erwähnt, die der Vorderseite eines antiken Tempels ähneln.

Sowohl als Zimmeruhr wie als Reiseuhr und Wecker fand die Capucine oder Kapuzineruhr Verwendung. Es handelt sich um eine mittelgroße bis kleine Messinguhr mit rechteckigem Gehäuse, weißem Emailzifferblatt und sorgfältig gearbeitetem Geh- und Schlagwerk. Die Glocke oder auch mehrere Glocken sind oben auf der Uhr befestigt und tragen einen umklappbaren Haltebügel. Uhren dieser Art entstanden in Frankreich nach 1750. Die weitere Entwicklung dieses Uhrentyps führte in zwei Richtungen, zur anspruchsvollen Reiseuhr, die bis ins 20. Jahrhundert hinein von renommierten französischen und englischen Firmen gebaut wurde, und zum kleinen Messing-Reisewecker („Eisenbahnerwecker"), den in relativ großen Stückzahlen auch deutsche Uhrenfabriken (Uhrenfabrik Lenzkirch, Gustav Becker / Freiburg) gefertigt haben. Die uns geläufige Weckeruhr hingegen als Massenartikel der Uhrenindustrie geht technologisch auf amerikanische Vorbilder zurück.

Wanduhren und Bodenstanduhren

Die Telleruhr, deren Name auf das tellerförmige Zifferblatt zurückzuführen ist, entstand in Süddeutschland um 1600. Ihre Grundform fand im 17. Jahrhundert auch über das Ursprungsgebiet hinaus Verbreitung. Telleruhren wurden mit Federantrieb und mit Gewichtsantrieb gebaut. Süddeutsche

Telleruhren hatten bis zur ersten Hälfte des 18. Jahrhunderts meist Spindelhemmung mit kurzem Vorderpendel. Manchmal waren die Uhrenschilder auch bemalt, was Rückschlüsse auf das Herkunftsgebiet zuläßt. Auffälliger sind Telleruhren mit metallgetriebenen, oft versilberten oder vergoldeten Zifferblättern, die vor allem in Augsburg in größeren Serien gefertigt wurden. Die Uhrwerke weisen nur selten technische Besonderheiten auf. In Frankreich entstand Mitte des 18. Jahrhunderts die Carteluhr, so genannt nach dem französischen Wort cartel für Rahmen. Sie kann als gestalterische Abwandlung der Pendule angesehen werden. Den Pendulen ähnelt sie auch in ihrem Kurzpendelwerk mit Schlagwerkseinrichtung. Bei dieser Uhrenform sind Gehäuse und Konsole zu einer Einheit verschmolzen, die Rückseite liegt flach an der Wand an. Französische Carteluhren haben oft Metallgehäuse, deren Herstellung große Anforderungen an das Können der Bronzegießer gestellt hat. In Österreich und Süddeutschland entstanden im gleichen Zeitraum Carteluhren mit geschnitzten und vergoldeten Holzgehäusen.

Niederländische Stuhluhren – Stoelklokken – fallen durch die besondere Art ihrer reich gegliederten Verzierungen auf, die meist aus Zinn gegossen sind. Einige der Messingwerke haben endlose Aufzugsketten, eine Erfindung des um die Uhrmacherei vielfach verdienten Physikers Christian Huygens. Bogenförmige Ornamente, Meerjungfrauen und Schiffsmodelle sind gebräuchliche Schmuckmotive. Niederländische Uhren lassen sich vom äußeren Gesamteindruck her meist leicht einordnen. Unterschiede fallen zuerst bei der Größe der Uhren auf, sodann im Aufbau der Werke und bei den Ornamenten. Sie erlauben häufig eine genaue örtliche und zeitliche Zuordnung. Uhren dieser Art sind in den niederländischen und friesischen Provinzen vom 17. bis zum 19. Jahrhundert gebaut worden.

Die deutschen Wanduhren des 19. Jahrhunderts wurden vom Design her wesentlich von Wiener Modellen beeinflußt. Die Wiener Tafeluhr gab das Vorbild ab für Schwarzwälder Uhren nach 1840. Der Wiener Regulator, ursprünglich eine präzise Gewichtsuhr mit geringem Pendelausschlag in langkastenförmigen, wertvollen Holzgehäusen, wurde nach 1870 zum industriell gefertigten Federzug-Regulator abgewandelt. Im Rahmen einer historischen Darstellung der Wanduhr dürfen die Schwarzwälder Uhren nicht fehlen. Ihre Entwicklung wird jedoch an anderer Stelle dieses Bandes ausführlich dargestellt.

Verschiedene Typen von Wanduhren mit Gewichtsantrieb und Pendel, etwa die Niederländische, die Schwarzwälder oder die Bergische Uhr, konnten von der Konstruktion her ohne besondere Schwierigkeiten auch in lange Gehäuse eingebaut und als Bodenstanduhren genutzt werden. In der uns geläufigen Art ist die Bodenstanduhr vermutlich um 1600 entstanden. Die Entfaltung ihrer klassischen Form fand in England zwischen 1680 und 1820 statt. In diesem Zeitraum sah man die englischen Uhren als vorbildlich an. Dies gilt für die technische Gestaltung der Werke ebenso wie für die Qualität und Form der Holzgehäuse. Durch die Verbindung von langem Pendel, sorgfältig ausgeführter Ankerhemmung und gleichmäßig wirkendem Gewichtsantrieb wurde eine Ganggenauigkeit erreicht, die für die Wertschätzung dieser Uhren wesentlich mitbestimmend war. Bei manchen englischen

Bodenstanduhren wurde die Sekundenanzeige schon eingeführt, als man andere Uhren noch nicht einmal auf Minutenzeiger umgerüstet hatte oder noch das weit ungenauere kurze Vorderpendel mit Spindelhemmung verwendete.

Die vielen Bezeichnungen der Bodenstanduhr in Deutschland – Standuhr, Dielenuhr, Kastenuhr, altdeutsche Uhr – weisen auf ihre Beliebtheit hin. Genauso geschätzt ist sie auch in den Niederlanden und Belgien, den nordischen Ländern oder in den Vereinigten Staaten von Amerika, wo sie als „grandfather clock" bezeichnet wird. Deutsche Uhren haben allerdings selten so viele Indikationen, etwa Datumsanzeige, Mondphasen oder Musik-Schlagwerke, wie sie nicht nur bei Spitzenexemplaren englischer Produktion, sondern auch bei normalen Bodenstanduhren recht häufig waren. Die Gehäuse weisen regional große Unterschiede auf, wofür im wesentlichen zwei Umstände maßgeblich sind. Wie keine andere Uhr wird die Bodenstanduhr als Einrichtungsgegenstand, ja als Möbelstück betrachtet und damit anderen Möbeln angepaßt. Hinzu kommt, daß vielfach im Serienbau erstellte Uhrwerke gekauft wurden, während örtliche Schreiner die Uhrenkästen gebaut haben. Einen neuen Höhepunkt ihrer Beliebtheit erreichte die Bodenstanduhr im „altdeutschen" Stil um 1900.

Eine repräsentative Sonderform der gewichtsgetriebenen Wanduhr, die häufig auch als Bodenstanduhr genutzt wurde, ist die Comtoise (Franche-Comté-Uhr). Im 19. Jahrhundert wurden diese Uhren mit dem charakteristischen Doppelschlag fast ausschließlich in Frankreich, Spanien und Italien verkauft, in jüngster Zeit sind sie bei deutschen Uhrensammlern recht beliebt geworden. Die Comtoiseruhr hat ein großflächiges Emailzifferblatt. Frühe Uhren sind erkennbar an gegossenen Emblemen oberhalb des Zifferblattes, spätere Formen an den geprägten Schildern aus Messingblech.

Die Comtoise hat ein großzügig angelegtes Metallwerk, bis etwa 1860 mit Spindelhemmung, danach mit Ankerhemmung. Lange, langsam schwingende Pendel und Rechenschlagwerke, meist mit Schlag auf große Metallglocken, sind weitere Merkmale. Um 1880 betrug die Jahresproduktion von Morez, dem Zentralort, etwa 70 000 Uhren. Außerdem wurden dort auch Bratspieße mit Uhrwerksantrieb gefertigt.

Die Möglichkeit, Bodenstanduhren als Präzisions-Zeitmeßgeräte zu bauen, wurde von englischen Uhrmachern bereits um 1730 wahrgenommen. Entsprechende Uhren entstanden, besonders im ausgehenden 18. Jahrhundert, auch in Frankreich. In den ersten Jahrzehnten des 19. Jahrhunderts hatten die Wiener „Bodenregulatoren" besonderen Ruf. Auch deutsche Uhrmacher haben als Meisterstücke ähnliche Uhren mit speziellen Hemmungen, Kompensationspendeln und langer Laufdauer gefertigt.

Eine berühmte Uhr der Sternwarte von Greenwich verzeichnete 1850 eine tägliche Abweichung von nur $1/7$ Sekunde. Ende des 19. Jahrhunderts tasteten sich Ludwig Strasser und Sigmund Riefler durch raffinierte Hemmungssysteme, Verwendung neuartiger Metallegierungen und durch Pendel, die in luftleeren Gehäusen schwingen, an die Grenzen der Genauigkeit mechanischer Systeme heran. Nach 1900 galten Observatoriumsuhren mit einer mittleren Abweichung von täglich $1/50$ Sekunde als Höchstleistungen.

△ **73** *Werk der Bracket Clock (Abb. 72)*

◁ **72** *Bracket Clock. Schwarzes Holzgehäuse mit Bronzeappliken, Bekrönung durch Doppelkorb. Massives, auf der Rückplatine reich graviertes Messingwerk mit Schnecke und Darmsaite, Kurzpendel hinten, Scheinpendel vorn sichtbar, Schlagwerk, Carillon, Datumsanzeige.*
Sign.: James Blackborow, London, um 1730
Höhe 490 mm

74 Berner Pendule in
schwarzem Holzgehäuse
mit Metallbeschlägen, von
Vase bekrönt, mit zuge-
höriger Konsole. Metall-
werk mit ⁴/₄ Schlag und
Repetition, zwei Metall-
glocken.
Schweiz, um 1780
Höhe 990 mm   ▷

75 Wiener Stutzuhr, verglastes Holzgehäuse mit Messingdekorationen. Emailzifferblatt mit Datumsanzeige. Kleine Blätter für Repetitions- und Schlagabstellung. Messingwerk mit Spindelgang, Schnecke und Kette. Stunden- und Viertelstundenschlag.
Sign.: Thomas Schönböck, Segedin, um 1820
Höhe 530 mm

76 Portaluhr, rundes Uhrwerk mit Emailzifferblatt wird von vier Alabastersäulen getragen, darüber Aufsatz, zum Sockel passend in Nußbaum, mit Bronzeappliken.
Wien, um 1860
Höhe 440 mm

78 *Carteluhr, Bronzegehäuse.*
Sign.: Cronier à Paris, um 1760
Höhe 445 mm

◁ **77** *Prunkpendule im Rokokostil, reich vergoldet, von Holzbildhauer Philemon Rombach, Badische Schnitzereischule Furtwangen, für die Weltausstellung Paris 1900 entworfen. Massives Metallwerk mit ⁴/₄ Schlag der Uhrenfabrik Lenzkirch.*
1900
Höhe 160 cm

79 *Kaminuhr. Schwarzer Sockel aus Holz und Stein, Bronzeaufsatz: Lesendes Mädchen. Messingwerk mit sichtbarer Brocothemmung vor dem Zifferblatt.*
Sign.: Derudder & Rousson, Paris, um 1830
Höhe 545 mm

80 *Stutzuhr in dekoriertem Holzgehäuse. Glas-front mit Schliffbild, Goldeinfassung, Papier-zifferblatt. „Amerikanerwerk" mit Pendel, Schlag auf Tonfeder und Wecker.*
Ansonia Clock Comp., USA, um 1870
Höhe 435 mm

81 *Kaminuhr aus Bronzeguß, eine Jagdszene darstellend. Email-zifferblatt, rundes Pendulenwerk mit kurzem Pendel und Stunden-schlag.*
Frankreich, Mitte 19. Jahrhundert
Höhe 470 mm

82 *Capucine, Messinggehäuse mit Emailzifferblatt. Geh-, Schlag- und Weckerwerk. Beliebte Tisch- und Reiseuhr. Frankreich, um 1830*
Höhe 280 mm

83 *Reiseuhr, Gehäuse Messing vergoldet, durchbrochen und graviert, zwei Seiten verglast. Spindel-Repetierwerk mit Viertelschlag und Wecker, zwei Glocken im Sockel. Sign.: Paul Hartmann in Wien, um 1780*
Höhe 180 mm

84 *Kleiner Reisewecker in messingverkupfertem Gehäuse, graviert. Auf dem Zifferblatt zwei Engel aus Metall. Gehwerk mit Zylinderhemmung, Weckerwerk.*
Sign.: Fritz Damm, Bad Kreuznach, um 1870
Höhe 118 mm

85 *Schwarzwälder Weckeruhr in reich verziertem Gehäuse aus Nußbaum. Massives Weckereinsteckwerk, Metallglocke unten in der Uhr.*
Uhrenfabrik Lenzkirch, um 1895
Höhe 300 mm

87 *Bilderuhr, in goldfarbenem Rahmen, Ölgemälde mit Krönungszug vor einer französischen Kathedrale. Pendulenuhrwerk mit ⁴/₄ Schlag und Auslösung eines Stimmzungenmusikwerks. Zifferblatt am Kirchturm.*
Frankreich, 1. Hälfte 19. Jahrhundert
Maße 760 × 950 mm

◁ **86** *Friesische Stuhluhr, gegossene und bemalte Dekorationen um das Zifferblattschild. Messingwerk mit Spindelhemmung, Stundenschlag auf Glocke, Kettenzug.*
Friesland, um 1780
Höhe 710 mm

88 *Wiener Tafeluhr. Im vergoldeten Rahmen liegt das Zifferblatt unter Glas auf einer erhöhten Goldrosette. Im unteren Teil eine ovale Öffnung, hinter der die Pendelscheibe schwingt. Metallräderwerk mit ¹/₂ Stundenschlag.*
Wien, um 1830
Maße 355 × 450 mm ▷

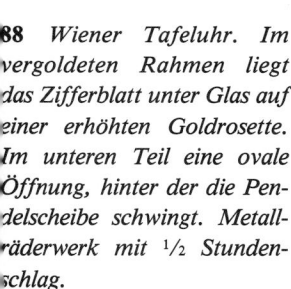

89 Comtoiser Dielenuhr, reich bemaltes Holzgehäuse, Emailzifferblatt mit geprägtem Messingschild, dekoratives Pendel, sog. Prunkpendel. Messingräderwerk in Eisengestell, Schlag auf Glocke.
Zifferblattaufschrift: Disson à Louhans, Frankreich, 2. Hälfte 19. Jahrhundert
Höhe 232 cm

Gegenüberliegende Seite:
90 Bodenstanduhr, Präzisionsregulator mit einjähriger Laufdauer, Zentralsekunde, Datum, Wochentag, Monat und Mondphase. Intarsiertes Gehäuse in Nußbaum furniert. Uhrwerk mit Scherengang. Spitzenlagerung des Pendels, Huygens'scher Schnurtrieb, schweres Kompensationspendel nach Harrison.
Sign.: F. Wolff, Zerbst, 1831
Höhe 211 cm

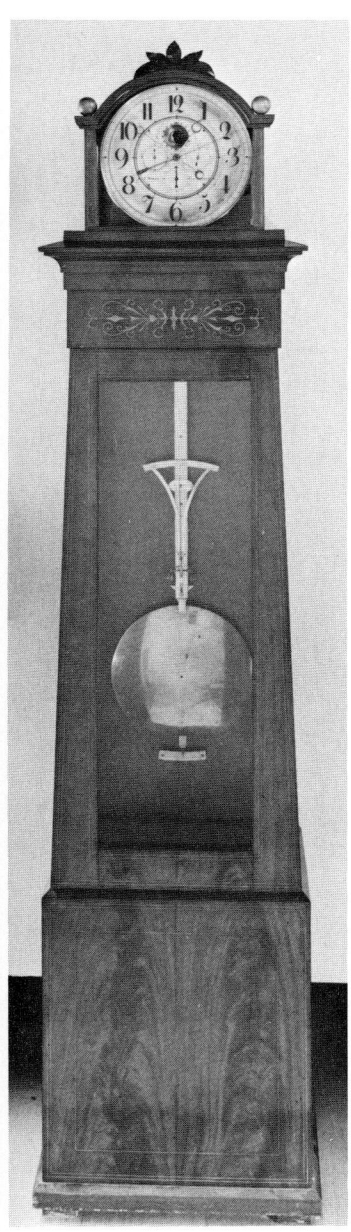

90

91 △

92 ▽

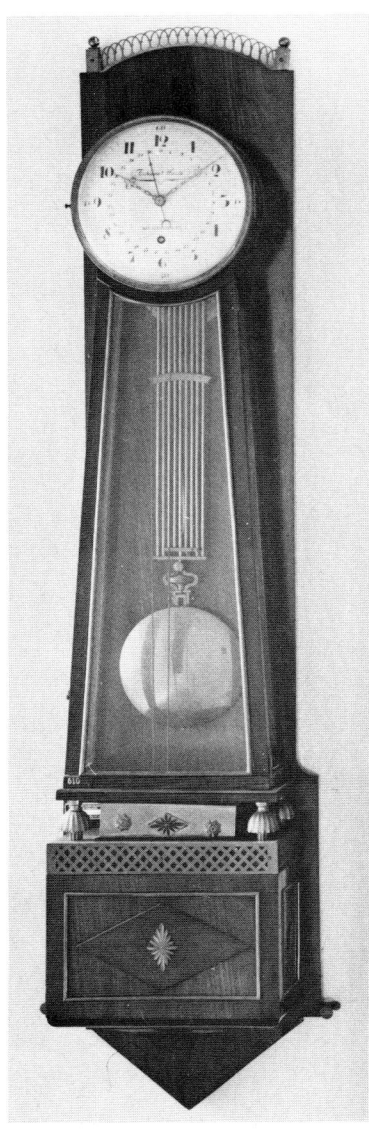

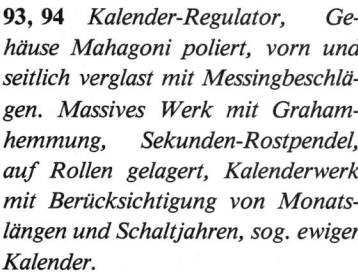

93, 94 *Kalender-Regulator, Gehäuse Mahagoni poliert, vorn und seitlich verglast mit Messingbeschlägen. Massives Werk mit Grahamhemmung, Sekunden-Rostpendel, auf Rollen gelagert, Kalenderwerk mit Berücksichtigung von Monatslängen und Schaltjahren, sog. ewiger Kalender.*
Ferdinand Wurth, Donaueschingen, Mitte 19. Jahrhundert
Höhe 114 cm

Gegenüberliegende Seite:
95 *Dielenuhr, Gehäuse im Biedermeierstil aus Nußbaum. Großes Emailzifferblatt mit exzentrischer Sekunde, massives Messingwerk mit schwerem Pendel an Holzstab, 30 Tage Laufdauer.*
Lorenz Bob, Furtwangen, um 1860
Höhe 245 cm   ▷

96 *Präzisionsregulator in Nußbaumgehäuse, vorn verglast, innen offenes Zifferblatt mit Oberfächendekorationen, Zentralsekunde. Massives Gehwerk mit Grahamgang und Sekundenpendel, Holzpendelstab, Stundenschlagwerk auf eine Gongfeder. Gehäuse von der Großherzoglich Badischen Schnitzereischule, Furtwangen, um 1914.*
Höhe 140 cm   ▷ ▷

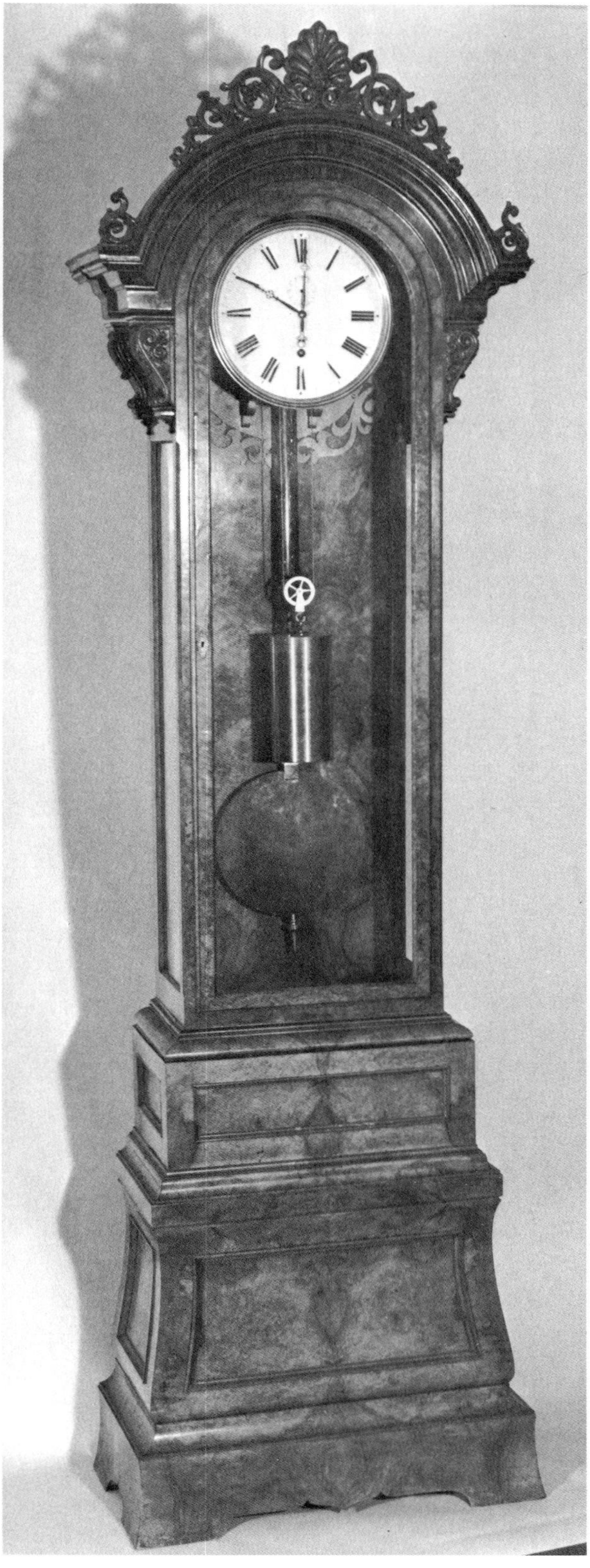

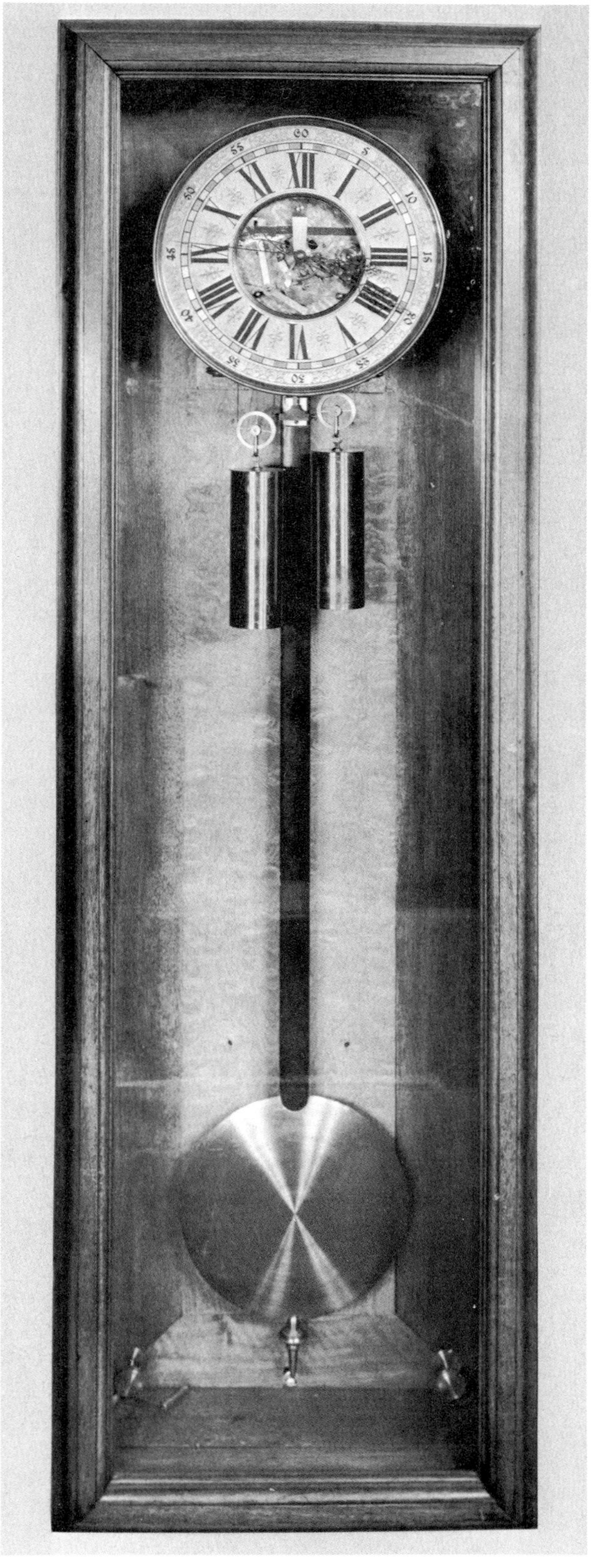

97 *Präzisionsregulator, profiliertes Eichengehäuse, vorn verglast, Rückwand Apfelholz geflammt, Regulatorzifferblatt. Grahamhemmung, Ankerrad in Steinen, sonst eingeschraubte Bronzelager. Kompensationspendel nach Riefler. Aufzug mit Gegengesperr.*
Uhrmacherschule Furtwangen, um 1910
Höhe 142 cm

◁ 98 *Präzisionsregulator (Normaluhr), verglastes Eichengehäuse, Regulatorzifferblatt. Massives Gehwerk mit Grahamhemmung, Rieflerpendel.*
Uhrmacherschule Furtwangen, 1932
Höhe 152 cm

99 *Teilansicht des Präzisionsregulators (Abb. 98)* ▷

Noch höhere Anforderungen liegen jenseits der Leistungsfähigkeit der Räderuhr. Sie konnten erst durch moderne Zeitmesser wie Quarz- und Atomuhren erfüllt werden.

Taschenuhren

Die Bedeutung, die Huygens Erfindung der Unruh mit Spiralfeder für den Bau tragbarer Uhren hatte, wurde bereits verschiedentlich hervorgehoben. Weniger bekannt ist eine andere Erfindung, die sich auf Ganggenauigkeit, Verschleiß und Reparaturanfälligkeit positiv ausgewirkt hat: die Verwendung von Edelsteinen zur Lagerung der Räderwerkswellen. In London ist es um 1700 Fatio de Duillier gelungen, gleichmäßige Löcher in kleine Rubine zu bohren. Dieses Herstellungsverfahren haben die englischen Uhrmacher nahezu ein Jahrhundert lang geheimhalten können.

Nach einer Phase des Suchens und Experimentierens gelang es den englischen Meistern zu Beginn des 18. Jahrhunderts, relativ genau gehende Taschenuhren mit Spiralfederunruh und Spindelhemmung zu bauen. Dies wurde unter anderem durch eine Vergrößerung des Schwingkörpers der bisher üblichen Radunruh möglich. Reich verzierte Spindelkloben – in ihnen ist ein Zapfen der Unruhwelle gelagert – schützen diesen empfindlichsten Teil des Uhrwerks. Im 18. Jahrhundert waren englische Taschenuhren auch in Deutschland recht begehrt und erzielten höhere Preise als französische oder heimische Produkte.

Taschenuhren (Sackuhren) aus der ersten Hälfte des 18. Jahrhunderts haben metallgetriebene Zifferblätter, manchmal auch eingesetzte Ziffern aus Email (Emailkartuschen), und auffallend große, runde Gehäuse, sodaß in Frankreich für diesen Uhrentyp das Wort „Zwiebel" (oignon) aufkam, das später auch in unseren Sprachschatz überging. „Zwiebel" war noch im 20. Jahrhundert eine volkstümliche Bezeichnung für die einfache, großvolumige Gebrauchsuhr.

Die „Oignons" des 18. Jahrhunderts wurden bereits in größeren Stückzahlen auch in Gehäusen aus unedlem Metall gefertigt und kennzeichnen einen wesentlichen Abschnitt auf dem Weg der Taschenuhr vom Schmuckstück und Luxusgut zum Gebrauchsgegenstand, den sich allerdings damals trotzdem nur wenige leisten konnten. Deshalb blieb die Taschenuhr im 18. Jahrhundert ein Erzeugnis mit hohem Prestigewert. In der zweiten Hälfte des 18. Jahrhundert setzten sich, besonders in Frankreich, Emailzifferblätter durch. Die Taschenuhren wurden kleiner, doch blieben sie, wegen der Bauart mit Spindelhemmung, Kette und Schnecke, immer noch „dick". Daneben gab es im ausgehenden 18. Jahrhundert eine Reihe von Versuchen, andere Formen der Hemmung für die Taschenuhr zu erproben und flachere Uhren zu bauen.

Verwandt mit den Taschenuhrwerken der Zeit sind die Karossen- und Satteluhren. Die ansehnlichen, kilogrammschweren Uhren hatten oft durchbrochene Gehäuse und wurden in ihren Lederbehältern in der Kutsche oder am Sattel aufgehängt. Ein Abfrageschlagwerk betätigt man durch Knopfdruck oder durch Ziehen eines Fadens. Um die Genauigkeit und vor allem

100 *Goldene Taschenuhr mit Übergehäuse in feiner Treib-
und Gravierarbeit. Reich dekoriertes Spindelwerk mit Viertelstundenschlagwerk und Repetition.*
Sign.: Henry Fish, London, um 1740
ø 48,5 mm

die Zuverlässigkeit zu sichern, waren die Werke der Satteluhren meist sehr sorgfältig gearbeitet.

Zum Schutz vor Beschädigung und Staub wurde die Taschenuhr häufig in ein oder gar in mehrere Übergehäuse „verpackt". Schmuckuhren hingegen trugen die Herren in der 2. Hälfte des 18. Jahrhunderts offen am Chatelaine, einer kurzen, verzierten Uhrkette, an der man neben dem Petschaft (Siegel) auch den Uhrschlüssel befestigt hat. Die Uhrenschlüssel dieser Zeit waren häufig kleine Kostbarkeiten, die Sammler heute hoch einschätzen. Französische und deutsche Taschenuhren wurden von vorne, d. h. von der Zifferblattseite her aufgezogen, englische Uhren hatten den Aufzugsdorn an der Rückseite.

Bei der uns geläufigen Form der Taschenuhr ist das Werk im Gehäuse festgeschraubt. Das Gehäuse wird hinten durch zwei Deckel verschlossen, den äußeren und den inneren (Staubdeckel). Bei älteren Taschenuhren hingegen kann man das Werk herausklappen, am längsten hat sich diese Bauart in England gehalten. Eine Sonderform, die Uhr mit Sprungdeckel (Savonette, frz. Seifenschälchen), erreichte um 1900 den Höhepunkt ihrer Beliebtheit.

In den kontinentaleuropäischen Ländern waren zwischen 1740 und 1830 Uhrgehäuse mit Emailverzierungen beliebt. Als Zentren der Produktion galten Paris und Genf. Um 1800 lebte die bereits aus der Renaissance bekannte Mode wieder auf, Uhrwerke in verschiedenartig geformte Schmuckstücke einzubauen und als Anhängeruhren zu tragen. Von außen ist oft nicht zu erkennen, daß der Schmuck ein kleines Uhrwerk enthält.

Entscheidende Impulse für den Bau von Taschenuhren, die teilweise erst viele Jahrzehnte später wieder aufgegriffen wurden, gingen von dem Schweizer Abraham Louis Breguet (1743−1823) aus, der in Paris lebte und arbeitete. Er fand eine besondere Form der Unruhspiralfeder (Breguetspirale), entwickelte ein Stoßsicherungs-System (Parachute) und baute erstmals Tonfedern in Schlagwerk-Taschenuhren ein. Intensiv hat sich Breguet auch mit der automatischen Taschenuhr befaßt, die er „Perpetuelle", die ständig laufende Uhr, nannte. Die technisch hochwertigen und zugleich formschönen Breguet-Uhren sind bereits zu seinen Lebzeiten häufig nachgeahmt und gefälscht worden. Zahlreiche Anekdoten beweisen, wie angesehen Meister Breguet bei Zeitgenossen und Nachwelt war.

Um die Ganggenauigkeit der Taschenuhr zu erhöhen, erfand Breguet das Tourbillon (frz. Wirbelwind, Strudel). Bei dieser Bauform befindet sich ein kompliziertes Unruhschwingsystem auf einem Gestell, das sich zusätzlich um die eigene Achse dreht (Drehganguhr), sodaß Lagen- und Gangunterschiede ausgeglichen werden. Besonders an dieser Konstruktion entzündete sich das Perfektionsstreben der Uhrmacher des 19. und 20. Jahrhunderts. Waren es in der 1. Hälfte des 19. Jahrhunderts noch einzelne Stücke, so wurden später Tourbillons auch in kleinen Serien gebaut. Die Drehung des Gestells (Käfig, Laterne) erfolgt häufig einmal in der Minute (Minutentourbillon). Taschenuhren mit Tourbillon erreichen heutzutage bei Auktionen Höchstgebote.

Nach 1850 zeichnete sich auf dem Markt für Taschenuhren eine grundlegende Veränderung ab. Während die englischen Uhrmacher relativ lange an

101 *Taschenuhr-Emailzifferblatt mit Dezimalteilung (10 Stunden, 1 Stunde = 100 Minuten). Diese während der französischen Revolution eingeführte Neuerung konnte sich in der Praxis nicht durchsetzen.*
Frankreich, vor 1800
ø 45 mm

der Spindeluhr festgehalten haben und später auch bei den Werken mit Spitzzahnankerhemmung nicht auf das Federausgleichs-System (Schnecke mit Kette) verzichten wollten, vertrauten Schweizer (und Franzosen) auf die Qualität besserer Zugfedern und verwendeten den Zylindergang, später die Schweizer Ankerhemmung. Auch der Übergang von der Schlüsseluhr zur Taschenuhr mit Kronenaufzug (Remontoir), wofür um 1845 Adrien Philippe in Genf die entscheidende Entwicklungsarbeit geleistet hatte, setzte sich in England nur zögernd durch.

Die Folge davon war, daß die recht soliden, aber massiv und altmodisch wirkenden englischen Taschenuhren immer weniger Anklang fanden. Die flacheren und moderneren Schweizer Uhren wurden bevorzugt. Hinzu kam, daß die Schweizer, nicht zuletzt wegen der eleganten Gehäuse, auch den rasch expandierenden Markt für Damenuhren gewinnen konnten. Man sprach zwar von Damen-Taschenuhren, aber getragen wurden diese Uhren weiterhin offen an der Halskette oder an einer Brosche, im Gegensatz zur Herrenuhr, die damals an der Uhrkette in der Westentasche ihren Platz fand.

Lediglich bei Präzisionsuhren und bei komplizierten Taschenuhren wahrten die englischen Uhrmacher bis ins ausgehende 19. Jahrhundert ihren ausgezeichneten Ruf, danach dominierte allerdings auch auf diesem Gebiet die Schweizer, besonders die Genfer Uhr.

Um 1875 wurde die Taschenuhrproduktion der Schweiz auf jährlich 1,6 Millionen Uhren geschätzt, davon kamen 150 000 aus Genf. Frankreich fertigte damals 320 000 Taschenuhren, England 200 000. Die deutsche Produktion war zahlenmäßig ohne Bedeutung. Hochwertige Taschenuhren, die internationalen Ruf erlangen konnten, wurden seit 1845 in Glashütte/Sachsen gefertigt, besonders von der Firma Lange. Vor 1914 entfiel 90% der Weltausfuhr von Taschenuhren auf die Schweiz. In dieser Zeit rechnet man bei einfachen Zylinder-Herrenuhren mit etwa 2 Minuten täglicher Gangabweichung, bei Präzisionsuhren höchster Qualitätsstufe lagen die Werte bei 5 Sekunden.

Schon um 1850 war besonders in den Uhrmachergebieten des Schweizer Jura die Arbeitsteilung weit fortgeschritten, doch die Produktion erfolgte nach wie vor in kleinen Werkstätten. Uhren mittlerer und unterer Güte mußten noch um 1900 von den örtlichen Uhrmachern intensiv nachgearbeitet (repassiert) werden, ehe sie verkaufsfertig waren. Industrielle Verfahren unter Einsatz komplizierter Werkzeugmaschinen zur gleichmäßigen Produktion der Teile von Taschenuhren wurden zuerst in den USA angewandt und später in der Schweiz vervollkommnet.

Einfache und billige, aber funktionstüchtige Taschenuhren fertigte seit 1865 G. F. Roskopf in La Chaux de Fonds (Schweizer Jura). Er nannte sein Modell „La Prolétaire" (Arbeiteruhr). In späteren Jahrzehnten wurde die Bezeichnung Roskopfwerk zum Gattungsbegriff für einfache Taschen- und Armbanduhrwerke. Nach 1900 gilt in manchen Ländern die Taschenuhr als unpfändbar, ein Zeichen dafür, welche Verbreitung und welche Bedeutung für das tägliche Leben dieser Uhrentyp inzwischen erlangt hatte.

Schon frühzeitig wurde die Taschenuhr mit Zusatzeinrichtungen (Komplikationen) ausgestattet. Uhren mit mehreren, oft recht komplizierten

103 *Taschenuhr aus der ersten Versuchsphase der Schwarzwälder Taschenuhrmacherei. Ankerhemmung, 15 Steine.*
Sign.: Großh. Uhrmacherschule Furtwangen, No. 39, 2. Hälfte 19. Jahrhundert
ø 64 mm

zusätzlichen Baugruppen, etwa mit Minutenschlag, Kalenderanzeige und Stoppvorrichtung für den Sekundenzeiger, heißen „grande complication".

Aus heutiger Sicht fällt auf, daß relativ viele alte Taschenuhren Schlagwerke enthalten. Doch wer bedenkt, daß es vor der Erfindung zuverlässiger Streichhölzer mit dem damals üblichen „Feuerzeug" 2–3 Minuten dauerte, ehe eine Kerze brannte, wird weniger überrascht sein. Am verbreitetsten sind Taschenuhren mit Stunden- oder Viertelstundenschlag. Bei der Minutenrepetition wird meistens die Stunde einfach, die Viertelstunde mit Doppelton, die Minute wieder einfach angeschlagen. Das Schlagwerk kann beliebig oft ausgelöst werden (Rechenschlagwerk), bei Uhren mit Schlüsselaufzug durch Druck auf den Bügelknopf. Spätere Modelle haben Schieber oder Drücker seitlich am Gehäuse.

Taschenuhren mit Datums- und Monatsanzeige sind bereits aus der Renaissancezeit bekannt. Im ausgehenden 19. Jahrhundert haben renommierte Manufakturen Kalenderschaltwerke hergestellt, die nicht nur Datum, Monat, Wochentag und Mondphase anzeigen, sondern die auch automatisch die unterschiedliche Zahl der Tage bei den einzelnen Monaten berücksichtigen. Man spricht in diesem Fall von Taschenuhren mit ewigem Kalender.

Schon bald, nachdem sich bei Taschenuhren der Sekundenzeiger durchgesetzt hatte, begannen die Versuche, ihn „anzuhalten", um kurze Zeitspannen genau messen zu können. Anfänglich wurde dabei das Werk ebenfalls blockiert. Ein knappes Jahrhundert Entwicklungsarbeit liegt zwischen den ersten Versuchen und der zuverlässigen Taschenuhr mit Stoppeinrichtung, dem Taschenchronographen. Damit aus einer Taschenuhr ein „echter" Chronograph wird, müssen Uhrwerk und Chronographenmechanismus im Bedarfsfall miteinander verbunden, aber ebenso wieder voneinander getrennt werden können. Die einzelnen Funktionen, Ingangsetzen, Stoppen und Rückführen des Chronographenzeigers, werden nacheinander durch Knopfdruck ausgelöst. Nach diesem Prinzip arbeiten auch die eigentlichen Stoppuhren, die heute noch für Sport und Arbeit verwendeten Kurzzeitmesser im Taschenuhrgehäuse.

Ein Sondergebiet, dem sich viele bekannte Uhrmacher zwischen 1780 und 1920 zugewandt haben, war die Konstruktion der hochpräzisen Taschenuhr (Taschenchronometer). Verschiedene Varianten komplizierter Hemmungen (Chronometerhemmungen) wurden auf ihre Brauchbarkeit überprüft. Lange bevor die Kompensationsunruh, die den Einfluß der Temperatur auf die Spirale ausgleichen (kompensieren) sollte, allgemeine Verwendung fand, wurde sie im Chronometerbau eingesetzt.

Taschenchronometer und Tourbillons, die ebenfalls als Chronometer gelten können, ewiger Kalender, Minutenrepetition und spezielle Chronographen mit zwei Zeigern (Rattrapante) dokumentieren den Stand der technologischen Entwicklung um 1900, am Ende einer mehr als 400jährigen Entwicklungsgeschichte der Taschenuhr. Angesichts dieser Höchstleistungen der Feinmechanik sollte allerdings nicht vergessen werden, daß auch die in großen Serien gefertigten Gebrauchsuhren einen beachtlichen Stand an Präzision und Zuverlässigkeit erreicht hatten.

104 *Taschenuhr, Gehäuse reich ornamentiert und vergoldet, Zifferblatt mit Emailkartuschen. Verziertes Spindelwerk mit Schnecke und Kette (vgl. auch Abb. 9).*
Sign.: Helme, London, um 1770
ø 59 mm ▷

105 *Goldene Taschenuhr mit Emailmalerei, weißes Emailzifferblatt. Flaches Spindelwerk mit Schnecke und Kette in einfacher Ausführung.*
Sign.: Moilliet à Genève, um 1780
ø 49 mm ▷

106 *Automatentaschenuhr, skelettiert, Jacquemarts schlagen auf Glocken die Zeit an. Spindelwerk mit Repetitionsschlagwerk.*
Sign.: Duchène et Fils, um 1780
ø 52 mm ▷ ▷

107 ◁ **107** *Goldtaschenuhr, vor der Minutenskala bewegt sich die Stundenzahl als springende Ziffer. Zylinderhemmung, sichtbare Malteserkreuzstellung auf dem Uhrwerk.*
Sign.: Du Bois et Fils, Paris, um 1790
ø 61 mm

108 *Goldene Taschenuhr, guillochiertes Gehäuse, Emailzifferblatt mit exzentrischer Stunden- und Minutenanzeige, Zentralsekunde. Ungewöhnliche Ankerhemmung mit großer Unruh.*
Sign.: Ravené, Berlin, um 1820
ø 59 mm

109 *Werk der goldenen Taschenuhr (Abb. 108)*

Gegenüberliegende Seite:
110 *Elfenbeinerne Taschenuhr, Werk und Gehäuse sind mit Ausnahme von Wellen und kleinen Teilen aus Elfenbein gefertigt. Ankerwerk, zehn Steine.*
Sign.: M. Dorer, Furtwangen, um 1850
ø 42 mm

111 *Walzenspielwerk in Taschenuhr, zwei Stücke spielend. Uhr in Gehäuse mit Dekorationen, auf dem Zifferblatt ein Figurenautomat, Zentralsekunde.*
Schweiz, um 1890
ø 42 mm

112 *Kleine goldene Savonette-Taschenuhr in Originaletui mit Garantieschein. Präzisionsankerwerk mit goldenen Hemmungsteilen.*
Sign.: A. Lange & Söhne, Glashütte, um 1900
ø Uhr 39 mm, Etui 80 × 110 mm

107 △   108 ▽   109 ▽

in Furtwangen
Anker Uhr
10. Steinen

110 △

111 △

112 ▽

A. LANGE & SONS
WATCH-
FACTORY
GLASHÜTTE near DRESDEN
Lever Movement No
was manufactured
and we guarantee it to be made of the best materials, with an Improved Escape-
Chronometer Balance, adjusted to Temperature and Position, a Hardened Iso-
Spring and Ruby Jewels, and we warrant it to be a reliable Time-Keeper.

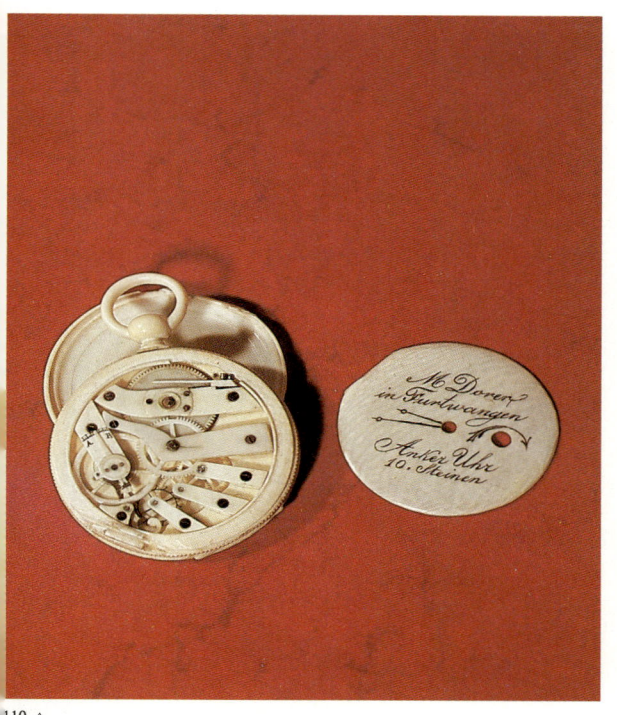

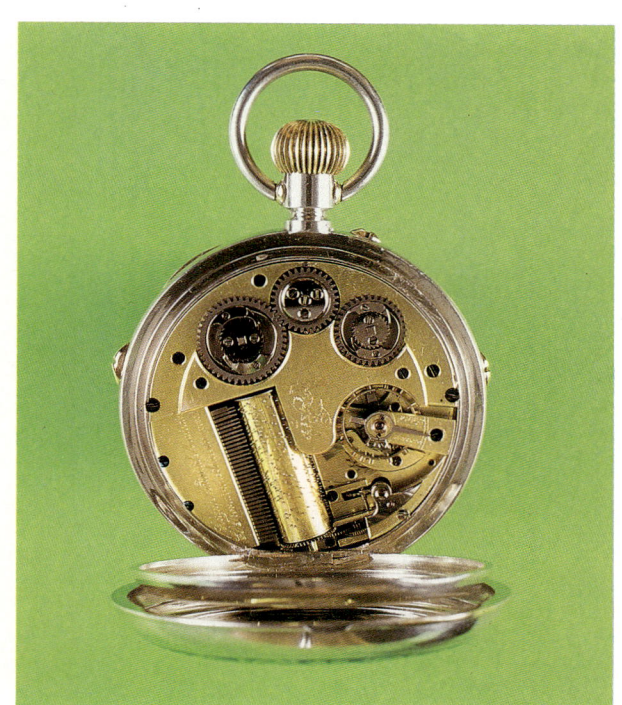

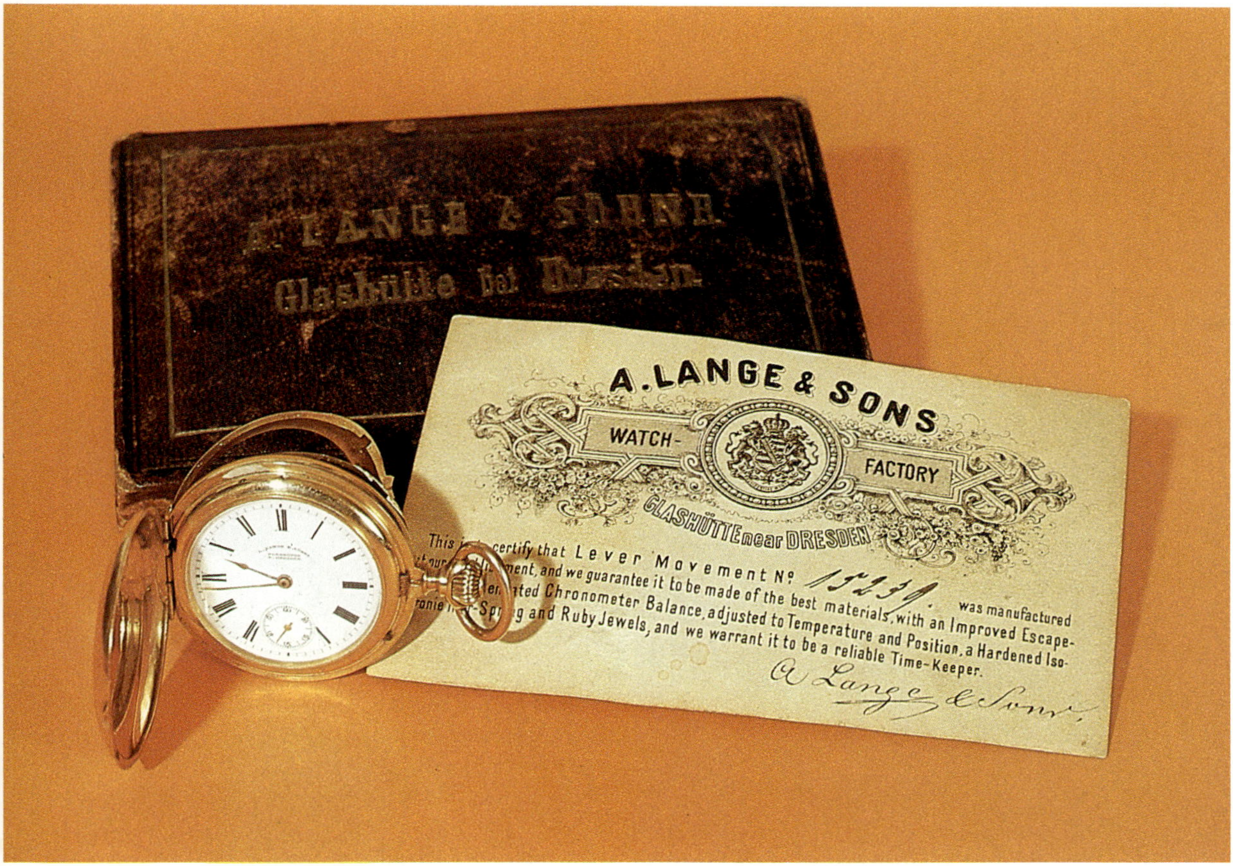

114 *Taschenuhrständer, geschnitzt und weißgold lackiert.
Solche Ständer erlaubten es, die Taschenuhr auch als
Zimmeruhr zu benutzen.
Süddeutschland, um 1820
Höhe 280 mm*

115 *Silberne Karossenuhr in lederbezogenem Übergehäuse.
Geh- und Weckerwerk, Schlagwerk mit Repetition.
Süddeutschland, um 1790
ø 150 mm*   ▷

◁ **113** *Gold-Email-Taschenuhr mit Chatelaine, reich dekoriertes Gehäuse, Emailporträt auf der Rückseite. Spindelwerk
mit Schnecke und Kette.
Zifferblattaufschrift: ,,Dusommer A Rouen'', Frankreich,
um 1780
ø 35 mm, Kette ca. 120 mm lang*

116 △   118 ▽   117 △   119 ▽

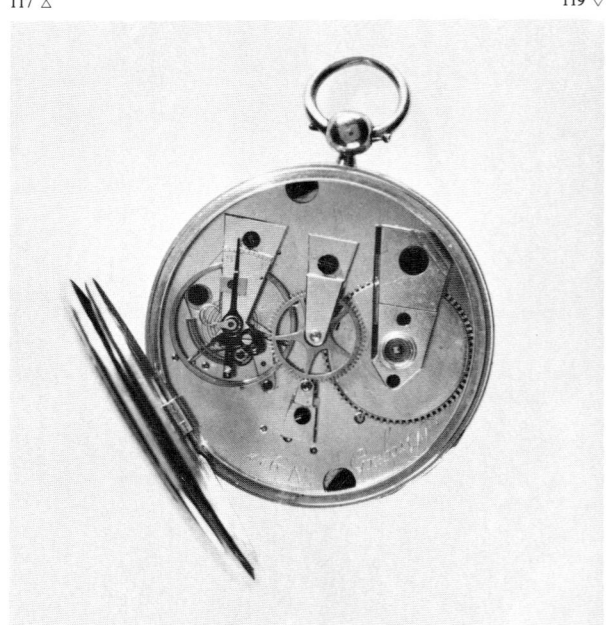

116, 117 *Silberne Taschenuhr, farbiges Emailzifferblatt. Landschaft mit Anglern. Spindelwerk mit Schnecke und Kette, dekoriert. Sign.: Florian Reiter, Otmarshausen, um 1800. ø 55 mm*

118, 119 *Goldene Taschenuhr mit guillochiertem Silberzifferblatt. Für Abraham L. Breguet typische Räderwerksanordnung, Rubinzylinder, Stoßsicherung und Temperaturkompensation. Sign.: Breguet, No. 922, Paris, um 1820. – ø 46 mm*

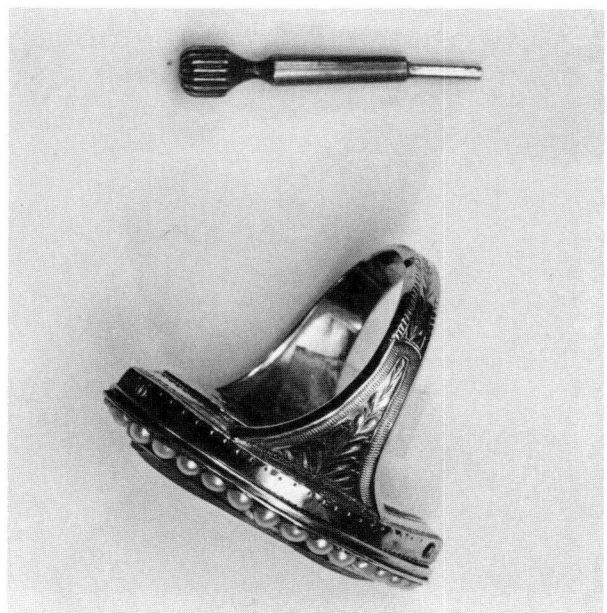

120, 121 *Silberne Taschenuhr mit weißem Emailzifferblatt, Uhrkette und Schlüssel. Spindelwerk mit Schnecke und Kette. Gestanzte Verzierung auf dem Werk (Abb. 120). Schweiz, um 1800. – ø 50 mm*

122, 123 *Ringuhr, Goldgehäuse mit Perlenrand, zwei Emailzifferblätter, oben Sekunden, unten Stunden und Minuten. Passender Aufzugsschlüssel. Zylinderwerk. Schweiz, um 1810.– Maße 32 × 19 mm für die Ringfront*

103

124 △   125 ▽

124, 125 *Silberne Taschenuhr, bemaltes Emailzifferblatt mit Frauengestalt und Draperie. Spindelwerk mit Schnecke und Kette. Zifferblattaufschrift: Seb.[n] Kranz, München; Werkgravur: Breguet à Paris, um 1810*
ø 52 mm

Gegenüberliegende Seite:
126, 127 *Silbertaschenuhr mit automatischem Aufzug. Rückdeckel mit großer Gravur. Zentralsekunde, kleines Zifferblatt unten für Stunden und Minuten, oben für Datum und Richtzeiger. Zylinderhemmung, automatischer Aufzug mit segmentförmigem Schwunggewicht.*
Frankreich, um 1820
ø 52 mm

128, 129 *Silberne Taschenuhr mit skelettiertem Werk, Emailzifferblatt dekoriert, Zylinderwerk mit Schlüsselaufzug.*
Schweiz, um 1860
ø 51 mm

126 △　　　　　　　　　　　128 ▽

127 △　　　　　　　　　　　129 ▽

105

130, 131 *Goldene Taschenuhr in schlichter Ausführung, Emailzifferblatt. Präzisionsankerwerk von Patek, Philippe & Co, Genève. Feinregulierung mit Schwanenhalsfeder.*
Zifferblattaufschrift: Bailey, Banks & Biddle Co, Philadelphia (USA), um 1910
ø 46 mm

132 *Werk einer Musiktaschenuhr, Zylinderhemmung, Stiftenrad mit Tonfedern. Repetition.*
Frankreich, um 1800
ø 54 mm   ▷

Armbanduhren

Wahrscheinlich wurde bereits in der Renaissancezeit eine kleine Uhr gelegentlich am Armband getragen, aber nachweisen lassen sich derartige Schmuckuhren erst 1790 in Genf. Doch von diesen frühen Vorläufern abgesehen, die eigentliche Geschichte der Armbanduhr beginnt 1880. Bezogen auf die Geschichte der mechanischen Räderuhr ist die Armbanduhr ein recht junger Uhrentyp. Rund fünfzig Jahre sind vergangen, seit die Armbanduhr die Taschenuhr so erfolgreich verdrängt hat, daß letztere rasch zu einer nostalgischen Erscheinung wurde.

Von 1880 an kann die Schmuck-Armbanduhr als Uhrengattung gelten, deren Entwicklung keine einschneidende Unterbrechung mehr erfuhr, wie die Anzeigen in den Uhrmacherzeitschriften beweisen. Hinzu kommt, daß langsam, aber stetig immer mehr Frauen und Männer zu der Auffassung kamen, die Armbanduhr sei auch für ihr Berufs- und Arbeitsleben brauchbar. Nur die Armbanduhr macht es möglich, ohne Vorbereitung und weitere Handgriffe ,,mit einem Blick'' die Zeit abzulesen.

Besonders die berufstätigen Frauen erkannten rasch die Vorteile der neuen Trageweise, sodaß die Aussage gerechtfertigt erscheint, daß nicht die Mode, sondern das Büro der Armbanduhr den Weg geebnet hat. Bei den Männern hat sich der neue Uhrentyp im Weltkrieg 1914/18 weltweit durchgesetzt. Die Soldaten merkten schnell, daß es die Bedingungen des modernen Krieges nicht mehr erlaubt haben, Mantel und Waffenrock aufzuknöpfen, wenn ein Blick auf die Uhr notwendig war. Die Uhrmacher hingegen verhielten sich im allgemeinen ablehnend, erst in den Dreißigerjahren wurde die Armbanduhr in die Lehrlingsausbildung einbezogen.

Nach 1910 war die Armbanduhr fester Bestandteil des Fertigungsprogramms Schweizer Uhrenfabriken. Dies bewies eindrucksvoll die Schweizer Nationalausstellung in Bern 1914. Das gleiche Jahr bringt auch einen wichtigen technischen Erfolg. Eine runde Rolex-Armbanduhr wurde vom Observatorium Kew in England mit einem Gangzeugnis der Klasse A ausgezeichnet. Damit war der Beweis erbracht, daß Armbanduhren Chronometerqualität erreichen konnten.

Auch bei der Armbanduhr werden Bauteile und Baugruppen verwendet, die bereits von der Taschenuhr her bekannt sind, man denke an das Räderwerk, den Antrieb, die Zeigerstellung oder an das zentrale System der mechanischen Kleinuhr, die Verbindung von Hemmung und Gangregler (Unruh mit Spiralfeder). Erst die Stimmgabeluhr und kurz darauf die Quarzuhr bringt neue technische Lösungen für bekannte Aufgaben. Der grundlegende Wandel der Uhrentechnik tritt bei der Armbanduhr besonders deutlich hervor. Während bis etwa 1960 viele Erfolge erzielt wurden, kleine mechanische Systeme zu perfektionieren, hat bereits zwei Jahrzehnte später die Quarzuhr die mechanische Armbanduhr vom Markt verdrängt.

Dennoch ist die Armbanduhr in dem halben Jahrhundert zwischen 1910 und 1960 etwas anderes geworden als nur das verkleinerte, am Arm getragene Abbild der Taschenuhr. Der neue Uhrentyp stellte an Entwicklung und Produktion neue Aufgaben, deren Bewältigung sich dann auch auf den Bau von Taschenuhren positiv ausgewirkt hat, man denke an die Stoßsicherung oder an die Verwendung neuer Werkstoffe. Eigene Wege schlugen die Konstrukteure der Armbanduhr ein, als sie besondere Formwerke schufen oder automatische Aufzugssysteme entwickelt haben.

Der Zeitraum zwischen 1910 und 1930 kann als Experimentierphase der Armbanduhr gelten. Dies läßt sich äußerlich erkennen an den oft eigenwilligen, ja skurrilen Formen von Gehäuse und Zifferblatt um 1920, bis dann allmählich ein Übergang zu ruhigeren, stärker funktionell bestimmten Formen einsetzte. Ähnliches vollzog sich bei den Armbanduhrwerken. Als Beispiel sei bei den Damenuhren auf die schmalen, rechteckigen Baguettewerke (baguette, frz. Stäbchen) hingewiesen, bei den Herrenuhren auf Formkaliber mit ovalen Längsseiten und geraden Schmalseiten (tonneau, frz. Fäßchen).

In diesen Jahren wurde die erste voll funktionsfähige automatische Armbanduhr nach System Harwood in Serie gefertigt, bestand 1927 die wasserdichte Armbanduhr (Rolex-Oyster) eine viel beachtete Bewährungsprobe. Kurz nach 1930 war die Entwicklung der Spiralfeder ,,Nivarox'' abgeschlossen und das Problem der Stoßsicherung gelöst.

Es gab strapazierfähige Sportuhren, Armbandchronographen und Uhren mit 8-Tagen Laufdauer. Ausdrücke wie unzerbrechlich, wassergeschützt, antimagnetisch, rostfrei oder automatisch werden als Werbeargumente verwendet, kennzeichnen aber auch den technologischen Fortschritt.

Bei der Taschenuhr blieb der automatische Aufzug seltener Sonderfall, mehr technischer Gag oder raffinierte Zusatzeinrichtung. Bei der Armbanduhr hingegen, die häufig auch nachts nicht abgelegt wurde, konnte sich das regelmäßige Aufziehen nur schwer gewohnheitsmäßig verfestigen. Der automatische Aufzug wurde fast zu einer Notwendigkeit. Vor allem Schweizer Konstrukteure haben sich Jahrzehnte hindurch um immer perfektere Lösungen bemüht. Auch die Automatikuhren wurden präziser und robuster, komplizierter und flacher.

Dabei galten in den Jahren kurz nach dem Zweiten Weltkrieg Systeme mit zentral gelagerten, aber seitlich begrenzten Schwingmassen als Standardlösung. Gebräuchlich waren Schwingweiten zwischen 120 und 150 Grad. Der automatische Aufzug wirkte meist nur in einer Richtung. Später setzte sich das Rotorprinzip durch, d.h. der Schwingkörper konnte den vollen Kreisbogen durchmessen und arbeitete zudem bei vielen Konstruktionen wirksam in beiden Drehrichtungen. Während der klassische Rotor einen großen Schwingkreis benötigt, also oberhalb des (runden) Basiswerks eine zweite Funktionsebene erfordert, wird beim sog. Mikrorotor der Antrieb in das eigentliche Uhrwerk einbezogen, vergleichbar etwa einer Unruh mit besonders großem Durchmesser.

(Fast)alles, was die Taschenuhr an Zusatzeinrichtungen (Komplikationen) kennt, wurde auch bei der Armbanduhr zu realisieren versucht. Manches, wie die Armbanduhr mit Tourbillon oder mit Minutenrepetition, allerdings mehr mit dem Ziel, die Leistungsfähigkeit renommierter Manufakturen herauszustellen oder das technische Geschick einzelner Uhrmacher, als mit der Hoffnung auf wirtschaftlichen Erfolg.

Doch es gibt auch eine Reihe von Komplikationen, die häufig in Armbanduhren eingebaut wurden. Neben der Automatikuhr können als Beispiele die

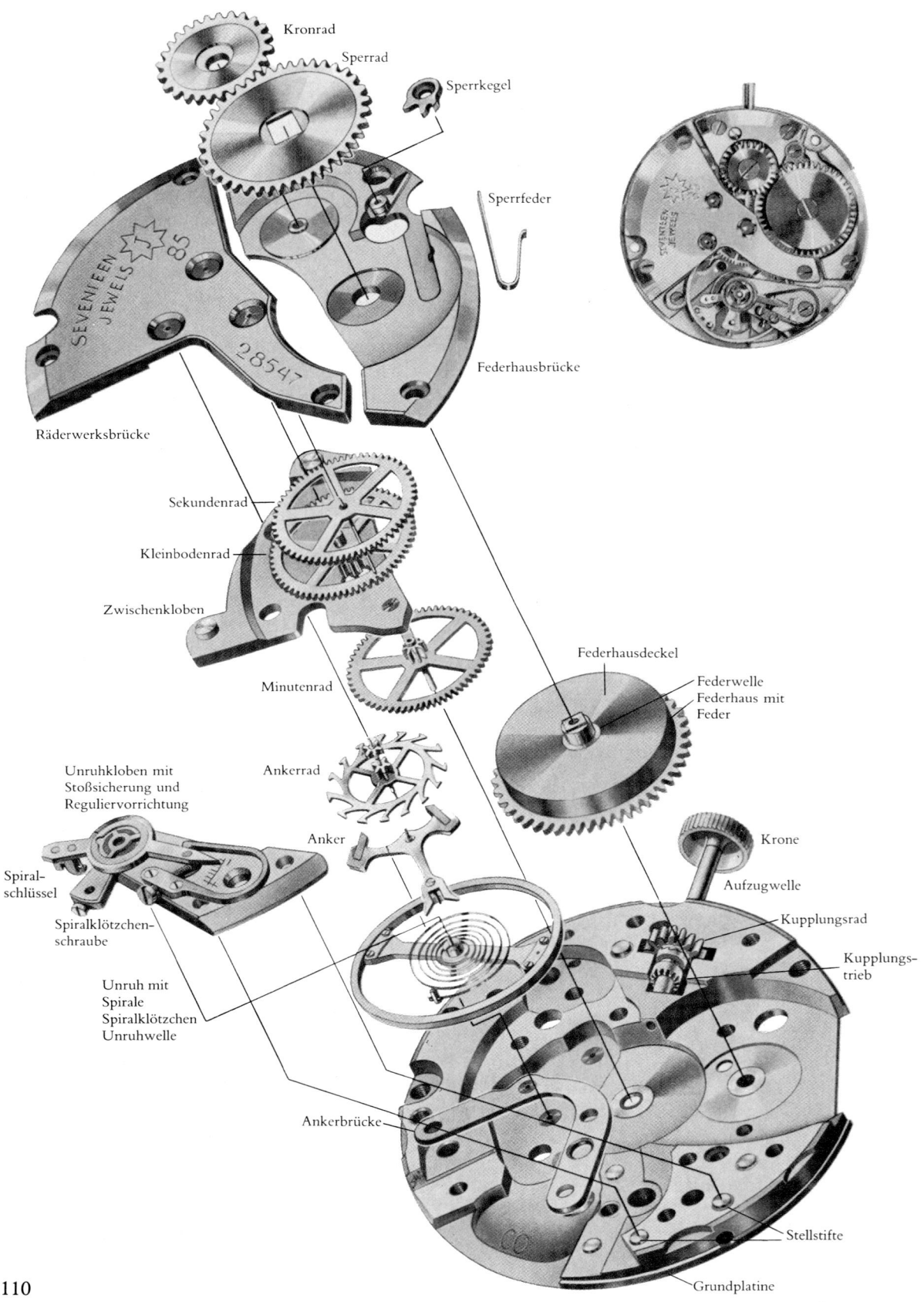

Kronrad

Sperrad

Sperrkegel

Sperrfeder

Federhausbrücke

Räderwerksbrücke

Sekundenrad

Kleinbodenrad

Zwischenkloben

Minutenrad

Unruhkloben mit
Stoßsicherung und
Reguliervorrichtung

Ankerrad

Anker

Spiral-
schlüssel

Spiralklötzchen-
schraube

Unruh mit
Spirale
Spiralklötzchen
Unruhwelle

Ankerbrücke

Federhausdeckel

Federwelle
Federhaus mit
Feder

Krone

Aufzugwelle

Kupplungsrad

Kupplungs-
trieb

Stellstifte

Grundplatine

SEVENTEEN JEWELS 85

28547

110

⊲ **133** *Werk des Armbanduh-renkalibers J-85, Junghans, Schramberg, gebaut zwischen 1950 und 1960*

Armbandwecker gelten, die Armbandchronographen, vielleicht auch die Uhren im dichten Gehäuse oder die antimagnetischen Armbanduhren. Weite Verbreitung fanden Armbanduhren mit Datumsanzeige. Nur von wenigen Herstellern hingegen wurden Armbanduhren mit ewigem Kalender entwickelt.

Weitaus häufiger als bei der Taschenuhr hat man die einzelnen Komplikationen miteinander kombiniert. Als Beispiele für Spitzenleistungen der Micromechanik sei auf die Automatikuhr mit ewigem Kalender von Patek Philippe verwiesen oder auf den Chronographen mit automatischem Aufzug in der Sonderform des Planetenrotors mit zusätzlicher Datumsanzeige (Chronomatic). Doch auch für die anspruchsvollere Gebrauchsuhr gilt diese Aussage. Nicht einmal eine automatische Armbanduhr mit Datums- und Monatsanzeige, zentralem Sekundenzeiger und Chronometerzeugnis galt 1970 als besonders herausragendes Erzeugnis der Uhrenmacherkunst, sondern eher als selbstverständlicher Teil des Verkaufsprogramms.

Auf dem Gebiet der mechanischen Armbanduhr hat die Schweiz bis in die jüngste Zeit ihre Spitzenposition behauptet. Aber vielleicht interessiert den Leser auch ein kurzer Hinweis auf deutsche Armbanduhren. Wer die Geschichte der in Deutschland produzierten Armbanduhren verfolgt, stößt auf zwei Entwicklungslinien. Die eine geht von den Uhrenfabriken aus, die andere vom Edelmetall- und Schmuckgewerbe. Regional gesehen findet man Armbanduhrenfertigung in Schramberg und Schwenningen, in Ruhla und Glashütte, eine andere Gruppe von Unternehmen konzentriert sich auf Pforzheim und Schwäbisch Gmünd.

Rückblickend wird erkennbar, daß die deutschen Uhrenfabriken sich nur zögernd auf die Armbanduhr eingestellt haben. Vielleicht waren sie noch beeindruckt von den Schwierigkeiten, die beim Bau von Taschenuhren aufgetreten waren oder sie betrachteten die neue Uhrenform allzulange als kurzlebigen Modetrend. Dies gilt selbst für die renommierteste deutsche Taschenuhrfabrik, das Haus A. Lange & Söhne in Glashütte.

Als erste deutsche Uhrenfabrik baute die Firma Thiel in Ruhla/Thüringen schon vor dem Ersten Weltkrieg kleine Taschenuhrkaliber in Armbanduhrgehäuse sein. Die erste Kollektion von Herren-Armbanduhren der Firma Junghans kam 1930 auf den Markt. Die runden 10½ linigen Ankerwerke hatten 15 Steine und Bimetallunruh und unterschieden sich somit qualitativ von den damals in Deutschland noch vorwiegend hergestellten, bzw. remontierten Stiftanker- und Zylinderuhren.

Nur schwer lassen sich Daten finden, wer zuerst in Deutschland selbständig für den Verkauf bestimmte Armbanduhrwerke entwickelt hat, wahrscheinlich geschah dies etwa gleichzeitig Ende der 20er Jahre in Glashütte („Tutima") und in Schwäbisch Gmünd (Bidlingmaier). Kurz vor dem Zweiten Weltkrieg hatte sich die Pforzheimer und Schwäbisch Gmünder Industrie zu einer Spezialindustrie für Armbanduhren entwickelt. Da die eigene Produktion den Bedarf nicht decken konnte, wurden weiterhin Schweizer Werke remontiert, aber auch solche von Schwarzwälder und Glashütter Betrieben.

Nach 1945 hatte die Armbanduhren-Industrie der Bundesrepublik erneut Anschluß zu suchen an die Entwicklung in der Schweiz. Neben anspruchsvolleren Kalibern werden millionenfach preiswerte Armbanduhren mit Stiftankerhemmung gefertigt. Bei der Damenuhr mittlerer Qualität wird die Zylinderhemmung endgültig vom Steinanker verdrängt.

Die ersten Herrenuhren mit automatischem Aufzug kommen 1951/52 auf den Markt, von Bidlingmaier die „B-Automatic", von Junghans die „Junghans-Automatic", von Lacher die „Laco-Duromat". 1956 erscheint die „Volksautomatic-Serie" von Kienzle, zwei Jahre später bringt Junghans einen Armbandchronometer mit automatischem Aufzug heraus, wohl die herausragendste Leistung deutscher Konstrukteure auf dem Gebiet der mechanischen Armbanduhr. Im gleichen Zeitraum, 1957/58, berichten zwei Uhrenfabriken, Laco-Durowe und Uhren-Werk-Ersingen (Epperlein) von elektromechanischen Armbanduhren. Eine neue Technologie zeichnet sich ab.

Armbanduhren sind heute weltweit verbreitet und gelten als selbstverständliches Element modernen Lebens. Im Jahre 1950 dürften in der Welt insgesamt 40 Millionen dieser Uhren gefertigt worden sein, gegenwärtig beträgt die jährliche Weltproduktion elektronischer und mechanischer Armbanduhren etwa 300 Millionen und die vorhandene Produktionskapazität 400 Millionen. Was für G. F. Roskopf (1813–1889) noch Programm war, die tragbare Uhr für alle, wurde für große Teile der Weltbevölkerung im Zeitalter der Armbanduhr eingelöst.

Sonderformen im Uhrenbau

Nicht alle Uhren lassen sich den üblichen Bauformen und Stilrichtungen zuordnen. Manchmal sind es gerade technisch oder gestalterisch besonders interessante Stücke, die sich einer Systematisierung entziehen. Die Sägeuhren stammen meist aus dem 18. Jahrhundert und werden durch ihr Eigengewicht angetrieben. Das Uhrwerk läuft an einer Zahnstange hinunter und muß zum Aufzug wieder hochgeschoben werden. Sägeuhren haben Spindelwerke mit kurzem Vorderpendel, weil diese Form der Hemmung ihren technischen Besonderheiten am besten entspricht. Die Gehäuse dieser Uhren lassen Anklänge an französische Carteluhren erkennen.

Bei der japanischen Pfeileruhr trägt das Antriebsgewicht den Zeiger, der die Zeit auf der senkrechten Skala des Gehäusekastens anzeigt. Beim Herablaufen des Gewichts im Gehäuse wird zugleich der Stundenschlag durch die Stundenmarkierungen ausgelöst. Diese Markierungen können außerdem mit Hilfe der daneben angebrachten Skala so verschoben werden, daß die Stunden je nach Jahreszeit unterschiedlich lang sind. Diese Form der Zeiteinteilung hat sich in Japan sehr lange gehalten.

Die Lyra-Uhr ist eine besondere Form der Pendule des ausgehenden 18. Jahrhunderts aus Frankreich. Wie Abbildungen in alten Katalogen beweisen, war diese Uhrengattung auch in der Biedermeierzeit recht beliebt. Das Uhrwerk ist im Pendel untergebracht, die Schwingung erfolgt mit Hilfe einer Hebelmechanik. Diese Anordnung wirkt auf den ersten Blick verwirrend, ja geheimnisvoll. Eine Uhr, die mit allen möglichen Täuschungseffekten arbeitet, wird in der Fachsprache „Mysterieuse" genannt.

134 Damenschmuckuhr, Art Deco-Goldgehäuse. Rundes Ankerwerk mit 16 Steinen.
Schweiz, um 1930
Breite 20 mm

Gegenüberliegende Seite:
135 Herrenarmbanduhr in Metallgehäuse, sichtbare Unruh, 8 Tage Laufdauer mit einem Aufzug, Ankerwerk.
Gintz, Schweiz, um 1925
ø 39 mm

136 Herrenarmbanduhr mit Stoppeinrichtung (Chronograph), zentrale Stopp-Sekundenanzeige, Minutenzählung, Ankerwerk.
Longines, Schweiz, um 1925
ø 35 mm

137 Feine Herrenuhr in Goldgehäuse, kleine Sekunde, Ankerwerk, 17 Steine, aufgeschnittene Unruh und Breguetspirale.
Sign.: Patek, Philippe & Cie, Geneva, Switzerland, um 1920
ø 32 mm

138 Werk der Patekuhr (Abb. 137). Genfer Streifen (Schliff).

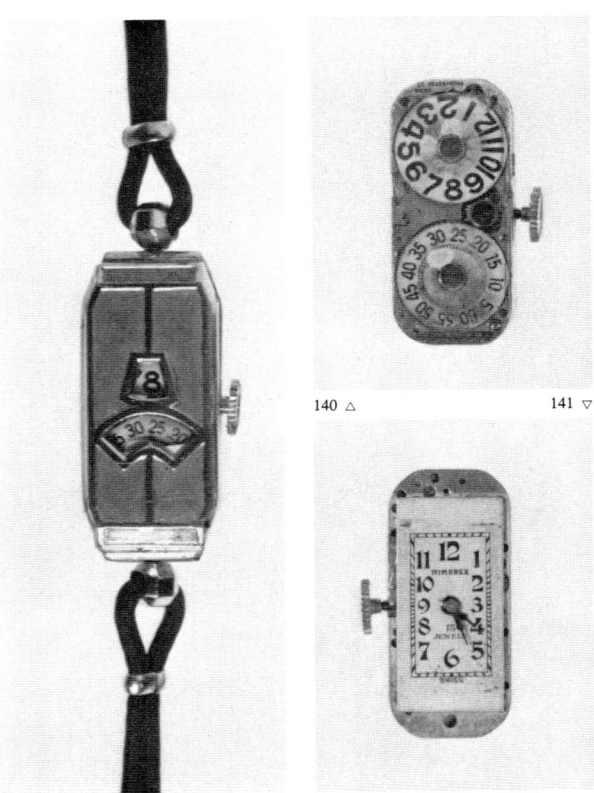

139 △   140 △   141 ▽

142 ▽

139–141 *Damenarmbanduhr mit doppelseitigen Anzeigen (Vorder- und Rückseite): digital und analog. Metallgehäuse. 15-steiniges Ankerwerk. Schweiz, um 1930. – Breite 12 mm*

142 *Herrenarmbanduhr mit automatischem Aufzug nach System Harwood. Erste serienmäßig angefertigte Uhr dieser Art. Schweiz, vor 1930. – ⌀ 30 mm*

143 *Goldene Herrenarmbanduhr „Rolex Oyster Perpetual", wasserdichte Uhr mit automatischem Aufzug und besonderer Ganggenauigkeit, bescheinigt durch ein amtliches Gangzeugnis. Zentralrotor, Zentralsekunde. Rolex, Schweiz, um 1945. – ⌀ 33 mm*

Gegenüberliegende Seite:

144 *Armbandchronograph, Zifferblattaufschrift: Consul. Wasserdichtes Stahlgehäuse, Minutenzähler, Tachymeter/Telemeterskala. Ankerwerk mit Chronographenaufbau und Schaltrad. Schweiz, um 1960. – ⌀ 36 mm*

145 *Rechteckige Herrenarmbanduhr in Weißgoldgehäuse, Zifferblatt mit Brillanten dekoriert. Ankerwerk, 15 Steine. Longines, Schweiz, um 1945. – Breite 20 mm*

146, 147 *Armbanduhr in Doublégehäuse. Zifferblattaufschrift: „Gama". AS-Ankerwerk mit getrennten Aufzügen für Uhrwerk und Wecker. Schweiz, 1960. – ⌀ 36 mm*

143 ▽

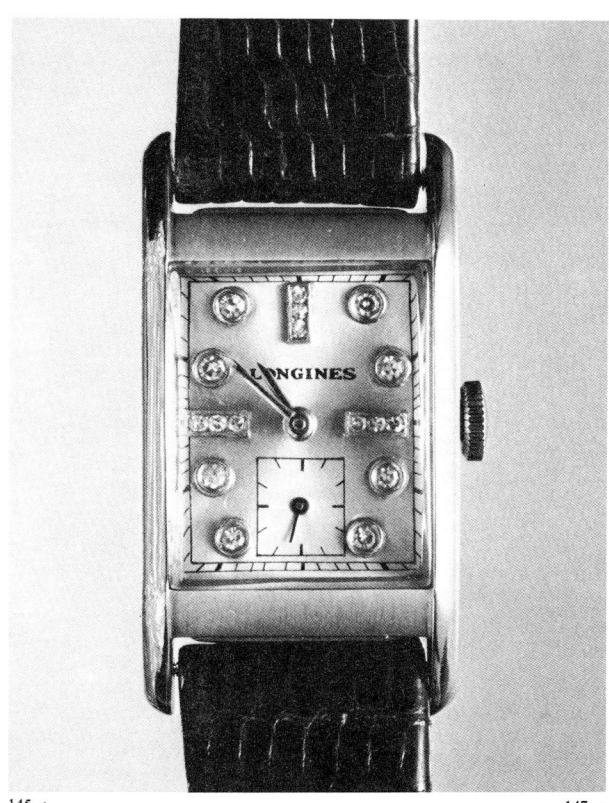

144 △

146 ▽ 145 △

147 ▽

148 △ 150 ▽   149 △ 151 ▽

Bei den Skelettuhren, die im späten 18. und im 19. Jahrhundert in Frankreich und England gebaut wurden, soll das Werk von allen Seiten gut sichtbar sein. Gehäuse und undurchsichtige Zifferblätter hat man bewußt weggelassen. Diese dekorativ wirkenden Uhren, als Kaminuhren häufig unter Glassturz gestellt, zeigen deutlich alle Konstruktionselemente der mechanischen Räderuhr und ihr Zusammenspiel. Besonders französischen Uhrmachern ist es dabei gelungen, überraschende künstlerische Wirkungen zu erzielen.

Mit den Problemen des Kegelpendels für den Uhrenbau hat sich bereits im 17. Jahrhundert Christian Huygens beschäftigt. Als Normalform setzte sich jedoch das hin- und herschwingende ebene Pendel durch. Trotzdem gab es besonders im 19. Jahrhundert immer wieder Versuche, Uhren mit Kegelpendel zu bauen. Das Kegelpendel läuft, fast lautlos vom Uhrwerk angetrieben, in einer Kreisbahn und beansprucht empfindliche Hemmungsteile kaum. Die Kreisbewegung nutzt man auch bei Uhren mit Torsionspendel, die heute noch als sog. Jahresuhren gefertigt werden.

Entscheidend für das Funktionieren der mechanischen Räderuhr ist ein „Zeitnormal", das regelmäßig und gleichbleibend bestimmte Zeitintervalle abgrenzt. Dies kann durch ein Pendel erfolgen, durch eine Unruh mit Spiralfeder — oder durch eine Kugel, die auf eingefräster, sorgfältig polierter Bahn zickzackförmig eine Metallplatte hinunterrollt. Sobald die Kugel unten angekommen ist, wird die Platte gekippt und der Kugellauf beginnt von neuem. Eine derartige Uhr wurde im 19. Jahrhundert von Congreve erfunden. Das System hat keine praktische Bedeutung erlangt, ist aber ein überzeugendes Beispiel für den Einfallsreichtum der Uhrenbauer vergangener Tage. In der Renaissancezeit hoffte man sogar, mit Hilfe der rollenden Kugel das perpetum mobile bauen zu können. Auf der Suche nach präziseren Verfahren der Zeitmessung haben damals auch berühmte Uhrmacher „Kugellaufuhren" entwickelt.

Reges Interesse in der Öffentlichkeit fand nach 1910 die „sprechende" Uhr. Es handelt sich um eine äußerlich unscheinbare Tischuhr mittlerer Größe, die im Innern neben dem Uhrwerk zusätzlich einen Phonographenmechanismus enthält. Statt durch Schläge wie bei der gewöhnlichen Uhr, werden hier die halben und vollen Stunden durch deutliches Ausrufen in menschlicher Stimme angezeigt. Der Kunde konnte beim Kauf der Uhr wählen, in welcher Sprache er die Zeitansage haben wollte.

118

◁ **152** *Japanische La-*
ternenuhr, Zifferblatt mit
japanischen Zeitindikatio-
nen, graviertes Messingge-
häuse. Das Messingwerk
besitzt zwei sich automa-
tisch umschaltende Waag-
balken für die unter-
schiedlich langen Tag-
und Nachtstunden.
Ende 18. Jahrhundert
Höhe 220 mm

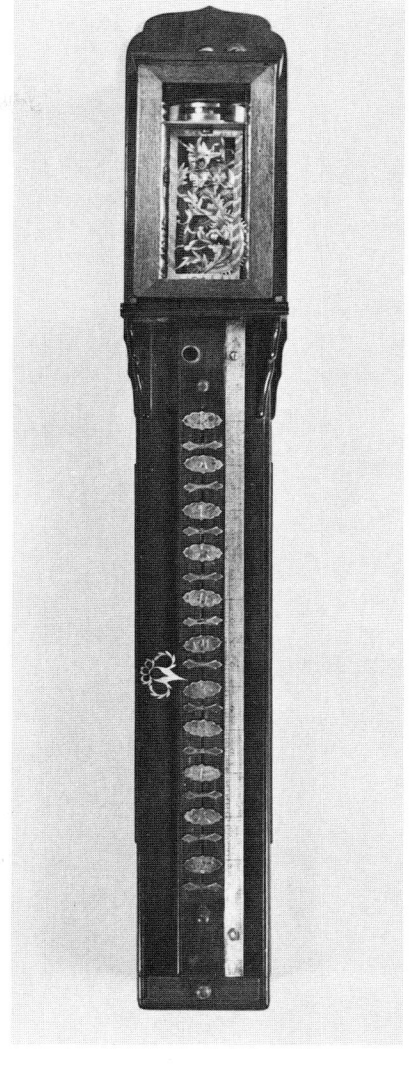

153 *Sägeuhr in verglastem Kastengehäuse. Vergol-*
deter Bronzekorpus mit Emailblatt und Vorderpen-
del, Spindelhemmung. Die Uhr treibt sich beim Her-
unterklettern an der Zahnstange durch ihr Eigenge-
wicht an.
Fribourg/Schweiz, 2. Hälfte 18. Jahrhundert
Höhe 740 mm

154 *Japanische Pfeileruhr. Zifferblatt*
als senkrechte Skala mit veränderbaren
Stundenmarkierungen. Der Zeiger ist an
dem herunterlaufenden Schlagwerk be-
festigt, das gleichzeitig Antriebsgewicht
des Gehwerks ist. Messingspindelwerk
mit Radwaag.
Um 1790
Höhe 490 mm

155 *Lyra-Uhr. Das Uhrwerk mit Zifferblatt schwingt in der oberen Aufhängung als Pendel. Geh- und Schlagwerk aus Messing. Elegante Linienführung im Biedermeierstil.*
Frankreich, Anfang 19. Jahrhundert
Höhe 385 mm

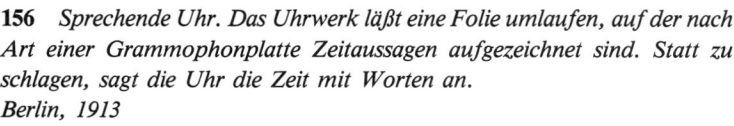

156 *Sprechende Uhr. Das Uhrwerk läßt eine Folie umlaufen, auf der nach Art einer Grammophonplatte Zeitaussagen aufgezeichnet sind. Statt zu schlagen, sagt die Uhr die Zeit mit Worten an.*
Berlin, 1913
Höhe 410 mm

157 *Uhrwerk mit Kegelpendel. Die Uhr läuft praktisch geräuschlos.*
Furtwangen, 2. Hälfte 19. Jahrhundert
Höhe 600 mm

158 *Hölzerne Waaguhr. Das Modell mit der nicht nachweisbaren Jahreszahl 1640 wurde vor etwa 100 Jahren gefertigt. So stellte man sich die frühesten Schwarzwälder Holzuhren vor.*
Höhe 310 mm

159 *Hölzerne Kapellenuhr. Zifferblatt mit Viertelstundenring innerhalb des Stundenrings. Geh- und Schlagwerk hintereinander, Kurzpendel mit Metallspindelrad, Glasglocke, Steingewicht.*
Schwarzwald, auf dem Zifferblatt 1789
Höhe 670 mm

Schwarzwälder Uhren

Die Anfänge der Schwarzwälder Uhrmacherei

Von den ersten Schwarzwälder Holzuhren sind keine Originale erhalten geblieben. Auf nachgebauten Uhren findet man häufig die Jahreszahl 1640, die sich jedoch historisch nicht belegen läßt. Wann die ersten Uhren im Schwarzwald gefertigt wurden, ist bis heute noch nicht endgültig geklärt. Umstritten bleibt auch, ob eine einfache Eisenuhr in Holz nachgebaut wurde oder ob eine auswärtige Holzuhr als Vorbild gedient hat.

Die beiden Frühchronisten der Schwarzwalduhr, der Benediktinerpater Franz Steyrer (1796) und der Pfarrer Markus Fidelis Jäck (1810) widersprechen sich. Steyrer nennt die Gebrüder Kreuz auf dem Glashof, die bereits vor 1667 als erste „Waag- oder Unruhuhren aus Holz" gebaut haben sollen. Nach Jäck hingegen brachte ein Glasträger „in den 80er Jahren des 17. Jahrhunderts eine hölzerne Stundenuhr von seiner Handelsreise mit nach Hause". Aus beiden Quellen geht jedoch hervor, daß anfangs Glasproduktion und Uhrmacherei in enger Verbindung zueinander gestanden haben. Holzuhrmacherei gab es damals an vielen Orten Mitteleuropas, selbst in den USA wurden noch in der ersten Hälfte des 19. Jahrhunderts Holzwerke gefertigt. Bereits 1590 belieferte ein Drechsler aus Urach den württembergischen Hof mit Holzuhren. Auch in verschiedenen Schweizer Kantonen läßt sich Holzuhrenbau nachweisen. Doch nur im Schwarzwald wurden hölzerne Uhren in großen Stückzahlen für überregionale Märkte hergestellt.

Die erste Produktionsperiode der Schwarzwalduhr, etwa von 1670 bis 1720, blieb jedoch ohne größere Bedeutung, zumal der hohe Schwarzwald in den Konflikten zwischen Österreich und Frankreich um 1700 Kriegsschauplatz war. Der entscheidende zweite Entwicklungsabschnitt begann 1720. Wenige Jahrzehnte später war das Uhrengewerbe im hohen Schwarzwald verbreitet. Das Uhrmachergebiet des 18. Jahrhunderts reichte von St. Georgen im Norden bis Neustadt im Schwarzwald im Süden, das frühe Zentrum lag im Raum Furtwangen.

Häufig wird angenommen, angeborene Fähigkeiten der „Wälderkünstler" in Verbindung mit Grundkenntnissen in der Holzverarbeitung, die für das Leben im Gebirge unentbehrlich waren, hätten gleichsam von selbst zur wachsenden Uhrenproduktion hingeführt. Schon 1847 jedoch wendet sich ein Sachkenner gegen die These, „als habe sich das Uhrengeschäft des Schwarzwaldes ohne alle gelehrte Anleitung bis zu seinem jetzigen Umfang entwickelt" und betont die entscheidende Mitwirkung der früheren Schwarzwälder Klostergeistlichen.

Unterschätzt wird aber vor allem der Anteil, den qualifizierte Schwarzwälder Holzhandwerker an der Entwicklung hatten. Simon Henninger, ein hervorragender Vertreter der frühesten Phase, war Kübler, sein Zeitgenosse

Lorenz Frey, genannt Hackbretterlenz, Schreiner und Musikinstrumentenbauer. In noch höherem Maße gilt das für die zweite Entfaltungsstufe nach 1720. Die beiden entscheidenden Initiatoren, Simon Dilger (1671–1750) und Franz Ketterer (1676–1753), der Treyerfranz, übten den Drechslerberuf aus. In einem Triberger Gewerbeverzeichnis werden 1749 Drechsler und Holzuhrmacher noch in einer Berufsgruppe ausgewiesen.

Fortschritte in der Uhrentechnik

Die frühesten Schwarzwälder Uhren ähnelten vom Konzept her den einfachen eisernen Wanduhren, die als Wächter- und Türmeruhren damals nicht selten waren. Die gesamte Uhr, vielleicht mit Ausnahme der Spindelachse, bestand aus Holz, hölzerne Radwellen liefen in hölzernen Platinen (Trägerplatten), große Zahnräder und kleine Zahnräder (Triebe) griffen Holz in Holz ineinander. Die Laufdauer betrug höchstens 12 Stunden und als Antrieb diente wohl ein glatter Feldstein an einer Schnur mit kleinem Gegengewicht. Relativ früh verwendete man auch schon Glasgewichte, die in den Schwarzwälder Glashütten hergestellt worden waren.

Nach und nach wurden in der Schwarzwälder Uhrenfertigung hölzerne Bauteile durch metallene ersetzt, allerdings mit einer Ausnahme: die Holzgestelle mit hölzernen Trägerplatten hat man beibehalten, sie kennzeichnen auch noch die nach alten Formen weitergebaute Fabrikuhr des 20. Jahrhunderts. Ingeniöse Draht-Holz-Kombinationen haben manchmal technische Funktionen erfüllt, für die andernorts massive Metallteile gebraucht wurden. Ein wesentlicher Produktionsfortschritt war um 1750 erreicht, als sich die Hohltriebe (Laternentriebe), auch eine Draht-Holz-Konstruktion, anstelle der massiven Holztriebe durchgesetzt hatten.

Vom gleichen Zeitpunkt an wurden allmählich hölzerne Zahnräder durch Messingräder ersetzt, recht früh schon das Rad, in das die Hemmung eingreift, recht spät erst die wenig beanspruchten Zahnräder des Zeigerwerks. Die metallenen Rohlinge bezog man im 18. Jahrhundert aus Nürnberg und Solothurn, um die Wende zum 19. Jahrhundert haben dann die Schwarzwälder Gießereien den Bedarf gedeckt. Besonders leistungsstark waren diese Betriebe beim Glockenguß, schon ab 1780 wurden Uhrglocken nach England und Holland exportiert. An die Stelle der zerbrechlichen Glasglöckchen, die bei den frühen Schwarzwälder Schlag- und Spieluhren als Klangkörper gedient haben, treten im letzten Drittel des 18. Jahrhunderts die Metallglocken und – nach 1830 als weitere Variante – die Tonfedern auf.

Wesentlich beeinflußt wurde dieser Übergang vom Holzwerk zum Holz-Messing-Werk und später zum Metallwerk durch konstruktive Veränderungen, vor allem beim System Gangregler-Hemmung. Waaguhren mit Spindelhemmung wurden im Schwarzwald noch in der zweiten Hälfte des 18. Jahrhunderts gebaut, Uhren mit Vorderpendel („Kurzschwanzpendel") etwa zwischen 1740 und 1820. Die ersten Uhren mit längerem Schwerkraftpendel, im 19. Jahrhundert die Normalform, kamen nach 1750 auf. Dieses Nebeneinander verschiedener Bauformen erschwert eine Datierung älterer

△ **160** *Spindelbohrvorrichtung zur exakten Herstellung der Hohltriebe. Werkzeuge dieser Art sollen seit 1740 im Schwarzwald verwendet worden sein.*
Schwarzwald, 2. Hälfte 18. Jahrhundert
Höhe 860 mm

161 *Zahnradfräsmaschine. Antrieb des Fräsers durch eine steinerne Schwungscheibe. Die Teilscheibe aus Messing besitzt 15 verschiedene Teilungen.*
Schwarzwald, um 1800
Höhe 140 cm ▽

Schwarzwalduhren, zumal noch hinzukommt, daß jeder Uhrmacher seine Besonderheiten und tradierten Varianten lange beibehalten hat.

Übereinstimmend gehen frühe Quellen davon aus, daß in der Anfangszeit der Schwarzwälder Uhrmacherei, als die Räder mit dem Zirkel ausgemessen und die Zähne einzeln ausgeschnitten werden mußten, ein Uhrmacher etwa eine Woche an einer einfachen Uhr gearbeitet hat. Um 1780 hingegen konnten zwei Personen in einer Woche 10 derartige Uhren herstellen. Noch 1840/50 galt die Faustregel, daß drei Personen (Meister, Geselle, Lehrling) in der Woche 18 Uhren ähnlicher Art produzierten.

Diese Angaben lassen erkennen, daß der entscheidende Produktivitätsfortschritt bereits im 18. Jahrhundert erfolgt sein mußte. Zwei Arbeitsgeräte hatten wesentlichen Anteil daran: Zahnstuhl und Spindelbohrer. Der Zahnstuhl, die Schwarzwälder sprachen auch vom Räderschneidzeug oder vom Zahngeschirr, erlaubte es, durch die Kombination von Teileinrichtung (Teilscheibe) und Schneidewerkzeug die mühsame und zeitraubende Herstellung der Zahnräder zu mechanisieren. Der Spindelbohrer, in der Schwarzwälder Uhrmachersprache Bohrgeschirr genannt, wurde für die Herstellung der Laternentriebe benötigt.

Produktionstechnisch bestand das Problem darin, die einzelnen Drahtstücke (Triebstöcke) kreisförmig, in gleichen Abständen und achsparallel in die begrenzenden runden Holzscheibchen einzubringen. Der Spindelbohrer wurde um 1780 von dem Benediktinermönch und späteren Professor für Mathematik an der Universität Freiburg, Thaddäus Rinderle, perfektioniert. Eine Arbeit, die vordem viel Geschicklichkeit erfordert hatte, konnte jetzt schneller, präziser und zudem noch einfacher durchgeführt werden.

Auch die Grundzüge der Arbeitsteilung bildeten sich bereits im 18. Jahrhundert heraus. Klassische Nebengewerbe waren die Gestellmacher, die Schildmacher, die Gießer und die Werkzeugmacher. Stark zugenommen hat im 19. Jahrhundert die Gruppe der Schildmaler und Schildmalerinnen, deren Einkommen oft über dem der Uhrmacher lag. Neu hinzugekommen sind später die Uhrkettenmacher, die Tonfedermacher und die Räderdreher, welche die aus den Gießhütten kommenden Rohlinge glatt gedreht haben. Das Verzahnen hingegen blieb Aufgabe der Uhrmacher. Die Relation zwischen Uhrmachern im engeren Sinn und Nebengewerbetreibenden betrug 2:1 (um 1840).

Im Schwarzwald wurden vor 1850 (fast) ausschließlich Uhren mit Gewichtsantrieb und hölzernen Platinen gebaut. Von der Größe des Werkes her gesehen unterschied man die (normal) große Schwarzwalduhr, die mittelgroße (Schottenuhr) und die kleine (Jockeleuhr), hinzu kamen als seltene Neustädter Spezialität noch kleinste Uhrwerke (Sorgührchen). Die ersten Schottenuhren soll Johann Dilger (gest. 1780) auf dem Schottenhof bei Neustadt gebaut haben. Der Name Jockeleuhren geht zurück auf Jacob („Jockele") Herbstrieth aus Hinterzarten, der um 1790 diese kleinen Wanduhren fertigte. Die ersten Sorgührchen hat ein Mitglied der Uhrmacherfamilie Sorg in Neustadt produziert, vermutlich um 1820.

Hinsichtlich der Laufdauer unterschied man um 1840 die 12-Stunden-Uhr, die 24-Stunden-Uhr („übersetzte Uhr") und die 8-Tage-Uhr, deren Produktionszentrum in Furtwangen lag. Vom Material her gesehen reichte die Palette von der „ganz hölzernen Uhr" über die „halbmessingne Uhr" (Zahnräder teils Holz, teils Messing), der „holzgespindelten Uhr" (Messingzahnräder auf Holzachsen) bis zur „metallenen Uhr mit massiven Getrieben" (metallene Massivtriebe statt Hohltriebe, alle Zahnräder und Achsen Metall).

Etwa 50% der Gesamtproduktion entfiel vor der Mitte des 19. Jahrhunderts auf die große 24-Stunden-Uhr mit Holzlackschild und Schlagwerk. Dieser Uhrentyp wurde zu einem Kennzeichen für die hausgewerbliche Uhrmacherei des Schwarzwaldes. Im Jahre 1838 kostete die 12stündige halbmessingne Uhr 1 Gulden 12 Kreuzer (Händlerpreis), die 24-Stunden-Uhr mit Schlagwerk 2–3 Gulden. Für holzgespindelte 8-Tage-Uhren mit Schlag auf Glocke erlöste der Uhrmacher 4 Gulden 24 Kreuzer. (Bei der Währungsumstellung 1871/73 entsprach 1 Gulden 1,71 Mark.) Die damals modernsten Schwarzwalduhren mit Tonfedern statt Glocken und Gewichtsketten statt Schnüren konnten Aufpreise erzielen.

Hausgewerbe und Uhrenhandel

Historiker lassen offen, was mehr Beachtung verdient, die von Jahrzehnt zu Jahrzehnt wachsende Uhrenproduktion des Schwarzwaldes oder die Art und Weise, wie diese Uhren beinahe in aller Welt abgesetzt wurden. Um 1810 hat man im Schwarzwald jährlich 150 000 bis 200 000 Uhren hergestellt, um 1840 gegen 600 000. Eine Zusammenfassung der verschiedenen Einzelangaben ergibt, daß in den 40er Jahren des 19. Jahrhunderts etwa 5000 Personen hauptberuflich Uhren und Zubehörteile gefertigt haben. Die Zahl der auswärtigen Uhrenhändler lag weit über 1000.

Kennzeichnend für die hier beschriebene Epoche vor 1850 war die hausgewerbliche Produktion in kleinen Werkstätten im Wohnhaus, meist in der Wohnstube. Man rechnet durchschnittlich auf einen Meister knapp zwei hauptberufliche Hilfskräfte, hinzu kamen oft mithelfende Familienmitglieder. Im Schwarzwald gab es keine verbindliche Zunftverfassung, Meister nannte sich jeder, der selbständig Uhren oder Zubehörteile produziert hat. In der Umgangssprache waren jedoch vom Handwerk übernommene Begriffe wie Lehrvertrag und Lehrgeld oder Berufsbezeichnungen wie Geselle oder Lehrling üblich.

Wesentlichen Anteil an der Stabilität dieses Gewerbezweiges hatte die nebenbei betriebene Landwirtschaft. Viehhaltung in begrenztem Umfang, oft auf Pachtland, und der Anbau von Kartoffeln sicherte die Nahrungsgrundlage. Dennoch erscheint es wenig sinnvoll, von „Bauernuhrmachern" zu sprechen. Die Schwarzwälder Uhrmacher waren in der Regel nicht Landwirte und zugleich Uhrenproduzenten, sondern sie befaßten sich hauptberuflich mit ihrem Gewerbe. Üblich war die Bezeichnung „Gewerber", ihre Wohnstätten hießen „Gewerbsgütlein" oder „Gewerbshäusle" in Abgrenzung zu den „Höfen" der Schwarzwaldbauern.

Viele Uhrmacher waren Bauernsöhne, die nicht Hoferbe werden konnten, denn im Schwarzwald gab es keine Erbteilung bei Bauernhöfen. Mehr als

162 »Uhrenmännle«. *Bunte Schaufensterfigur eines Schwarzwälder Uhrenhändlers. Vorn und hinten je eine kleine Bogenschilduhr mit Taschenuhrwerk. Schwarzwald, 19. Jahrhundert Höhe 370 mm*

ein Jahrhundert hindurch sicherte ihnen die expandierende Uhrmacherei Berufs- und Lebenschancen, die beträchtlich besser waren als die der bäuerlichen Hilfskräfte. Dabei ist zu berücksichtigen, daß die Gesinde- und Tagelöhnersätze, wiederum wegen der konkurrierenden Uhrmacherei, auf dem hohen Schwarzwald beträchtlich höher lagen als in anderen Gegenden Deutschlands. Die wachsende Bevölkerung des Uhrmachergebietes führte allerdings zu einer Reihe siedlungstechnischer Probleme. In manchen Orten wurde das Gemeindefeld (Allmende) aufgeteilt, in anderen rodete man Waldgebiete oder besiedelte abgelegenes Ödland, sodaß Streusiedlungen entstanden.

Eine der zählebigsten Legenden ist die Geschichte von den Schwarzwälder Uhrmachern, die im Sommer ihre im Winter selbst gefertigten Uhren in der Umgebung verhökert haben. Sie müssen bereits im 18. Jahrhundert recht selten gewesen sein, denn Produktion und Verkauf trennten sich schon frühzeitig. Recht anschaulich schildert Pfarrer Jäck 1810 die erste Expansionsphase des Schwarzwälder Uhrenhandels.

„Je zwei oder drei vereinigen sich zu einer Societät à conto meta (gleiche Teilung von Gewinn und Verlust), kaufen einige hundert Uhren, reisen ins Innere des zum Handel gewählten Landes, nehmen noch überdies Unterhändler unter dem Namen Uhrenknechte mit, und ließen sich ihre Waren mittels Spedition nachschicken. Im Lande selbst verteilen sich dann die Händler mit ihren Knechten, nachdem sie sich einen Zentral- oder Stapelort gewählt hatten, durchstreifen hierauf zur Marktzeit nicht nur Städte und Flecken, sondern durchwandern auch einzelne Dörfer und Gegenden, wo sie, ein Pack Uhren auf dem Rücken, eine unter dem Arm, ihre Waren feilboten. So erhielten in den drei Dezennien 1740, 1750, 1760 Europas merkwürdigste Länder und Provinzen kleine Uhrenhändler-Colonien aus dem Schwarzwald."

Das Leben dieser ambulanten Händler war anstrengend, voller Entbehrungen und zudem risikoreich, denn alle wußten, ein Hausierer hat Bargeld. In den Kirchenbüchern sind ihre Schicksale verzeichnet, viele kurze Notizen über Todesnachrichten aus England und Polen, aus Ungarn und Frankreich, aus Rußland und Spanien. Eine amtliche Erhebung weist 1842 Schwarzwälder Uhrenhändler in 4 Weltteilen und in 23 europäischen Ländern nach.

Der wachsende Geschäftsumfang führte zu Zoll- und Transportproblemen, doch gewichtiger noch war, daß der auswärtige Händler ein Sortiment verschiedenartiger Uhren benötigte, während der Uhrmacher sich häufig auf wenige Sorten spezialisiert hatte. So entstand ein neues Aufgabenfeld für Großhändler oder „Spediteurs", im Volksmund „Packer" genannt. Sie haben im Auftrag der Uhrenhändler, manchmal auch auf eigene Rechnung, durch Käufe bei verschiedenen Uhrmachern und Schildmalern die Sendungen zusammengestellt und in große Kisten „verpackt". Ein Schönenbacher Uhrenpacker versandte zwischen 1821 und 1846 über 21 000 Uhren nach London und Hamburg. 155 Uhrmacher und 83 Schildmaler und Schildmalerinnen, 16 Spieluhrmacher und fünf Glockengießer lieferten an ihn ihre Erzeugnisse. Von den 112 selbständigen Uhrmachern Furtwangens haben 1841 nur neun ihre Uhren direkt versandt.

163 *Taschenuhrzifferblatt mit Aufschrift des (Schwarzwälder) Uhrmachers und Uhrenhändlers Max Rombach, London. Sign.: M. Rombach, um 1895 ø 45 mm*

164 *Frühe Kuckucksuhr mit bemaltem Holzschild. Hölzernes Uhrwerk, Stundenschlag auf Glocke und Kuckucksruf, Langpendel.*
Schwarzwald, um 1760
Höhe 465 mm

165 *Sehr kleine Schwarzwalduhr (Sorguhr?) mit geprägtem Messingschild und Emailzifferblatt. Reh und Putte als Dekoration. Holzgestell mit Metallrädern, Ankerwerk mit Pendel, Wecker.*
Schwarzwald, nach 1800
Höhe 90 mm ▷

129

◁ **166** *Wanduhr mit Landschaft im Schildbogen. Holzgespindeltes Metallräderwerk, Holzachsen metallfarben bemalt, 8 Tage Geh- und Schlagwerk.*
Furtwangen, um 1840
Höhe 350 mm

168 *Lackschilduhr. Ernteszene als Abziehbild aufgebracht. Die Uhr war für den türkischen Markt bestimmt. Metallwerk in Holzgestell, Stundenschlag.*
Josef Tritschler, Furtwangen, 1908
Höhe 320 mm ▷

167 *Hölzernes Uhrwerk. Gehwerk und Schloß-scheibenschlagwerk hintereinander angeordnet, seitliches Weckerwerk, Messingankerrad, Blechanker mit Holzwelle, Langpendel hinter der Rückwand, sog. Stollenuhr, Metallglocke.*
Schwarzwald, spätes 18. Jahrhundert
Höhe 290 mm ▷

170 *Rahmenuhr. Schwarzer Holzrahmen mit geprägtem, bunt bemaltem Blechschild: zwei Araber auf der Jagd. Metallräderwerk in Holzgestell, Stundenschlag.*
Schwarzwald, um 1865
Höhe 340 mm

◁ **169** *Wanduhr im Biedermeierstil, seitlich Porzellansäulen, schwarzes Holz mit Blumen bemalt. Mittelgroßes Metallräderwerk in Holzgestell, Stundenschlag auf Tonfeder.*
Schwarzwald, um 1870
Höhe 430 mm

171 *Hölzerne Wanduhr mit bemaltem Bogenschild, Stunden- und Viertelstundenblatt mit Holzzeigern. Gehwerk mit Balkenwaag, Schlagwerk dahinter, Stundenschlag auf Glocke.*
Schweiz (Appenzell?), 1786
Höhe 260 mm

172 *Lackschilduhr in barocker Form mit Blumenbemalung. Holzgespindeltes Messingräderwerk, Geh- und Schlagwerk nebeneinander, Tonfeder, Pendel hinter dem Werk (Stollenuhr).*
Schwarzwald, um 1840
Höhe 350 mm

173 *Flötenuhr mit vergoldetem Barockschild, von Matthias Faller geschnitzt. Schallgitter durchbrochen. Uhrwerk mit holzgespindelten Messingrädern, Glocke für den Stundenschlag. Das Musikwerk mit 32 Flöten spielt sieben Melodien.*
Schwarzwald, um 1790
Höhe 820 mm

174 *Wanduhr mit hinter Glas gemaltem Zifferblatt, Holzzeiger, zwei Glasglocken. Vorn hölzernes Gehwerk mit Kurzpendel, dahinter Stunden- und Viertelstundenschlagwerk nebeneinandergebaut.*
Schwarzwald, Punzierung auf dem Werk 1824
Höhe 340 mm ▷

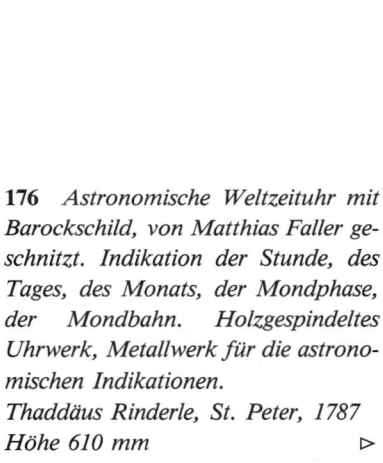

◁ **175** *Astronomische Uhr aus dem Kloster St. Peter. Buntbemaltes Zifferblatt mit Windengeln. Zifferblätter für Stunde, Viertelstunde, Wochentag (Symbole der ,,Tagesplaneten"), Monat (Sternbilder), Mondphase und Mondalter. Hölzernes Geh-, Stunden- und Viertelstundenschlagwerk, eiserne Radwaag.*
St. Peter, Schwarzwald, um 1740
Höhe 480 mm

176 *Astronomische Weltzeituhr mit Barockschild, von Matthias Faller geschnitzt. Indikation der Stunde, des Tages, des Monats, der Mondphase, der Mondbahn. Holzgespindeltes Uhrwerk, Metallwerk für die astronomischen Indikationen.*
Thaddäus Rinderle, St. Peter, 1787
Höhe 610 mm   ▷

178 *Lackschilduhr mit Mädchenporträt. Stollenwerk mit hintereinanderliegendem Geh- und ⁴/₄ Schlagwerk auf zwei Tonfedern, holzgespindelte Messingräder.*
Schwarzwald, um 1820
Höhe 440 mm

179 *Wanduhr mit reich bemaltem Lackschild. Holzgespindeltes Messingräderwerk, Stundenschlag.*
Schwarzwald, um 1840
Höhe 380 mm

180 *Schwarzwälder Wanduhr, im Schildbogen die berühmten „Apfelrosen", Blumenkranz im Zentrum. Holzgespindelte Messingräderwerke nebeneinander, Wecker mit Stellscheibe, Stundenschlag auf zwei Glocken.*
Schwarzwald, um 1840
Höhe 340 mm

◁ **177** *Hochzeitsuhr. Die Namen der Brautleute sind auf das blumenbemalte Lackschild geschrieben. Stollenwerk mit holzgespindelten Messingrädern, Geh- und Schlagwerk hintereinander, Stundenschlag auf Metallglocke.*
Schwarzwald, um 1830
Höhe 350 mm

181 △

182 △

179

183 ▽

◁ **181–183** *Bildunter-
schriften s. S. 142*

184 *Wanduhr mit Bogenschild, Säulendekoration und Blumen. Holzgespindeltes Messingwerk, 8 Tage laufend, Schnur-
aufzug mit Schlüssel.*
Schwarzwald, um 1850. – Höhe 370 mm

Zu Seite 140:

181 Wanduhr mit seltenem Motiv: Giraffe und zwei Mohren. 8 Tage Werk mit holzgespindelten Messingrädern, Schnurzug, Stundenschlag auf Glocke. Schwarzwald, um 1845. – Höhe 370 mm

182 Kleine Wanduhr mit buntem Porzellanschild in Hausform. Zwei Frauen am Spinnrad. Mittelgroßes Metallräderwerk in Holzgestell, Geh- und Stundenschlagwerk, Wecker, Messinghülsengewichte an Ketten.
Schwarzwald, um 1870
Höhe 260 mm

183 Mechanische Bildertafel in vergoldetem Rahmen. Von einem Uhrwerk werden in einer Landschaft Eisenbahn, Segelschiff, Luftballons und Windmühlenflügel bewegt
Verfertigt von Johann Bob, Furtwangen, um 1860
Maße 490 × 620 mm

◁ **185** Männleuhr, Lackschild mit plastischer Darstellung eines Türken, der beim Pendelschlag die Augen bewegt und beim Stundenschlag mit dem Munde schnappt: „Schnappuhr". Holzgespindeltes Metallräderwerk mit Halbstundenschlag. Bertold Schyle, Schonach, 1900. – Höhe 380 mm

186 Rahmenuhr mit geprägtem Blechschild hinter Glasabdeckung. Rundes Emailzifferblatt, umgeben von zwei bekrönten Löwen und Wappen. Kleines Metallräderwerk in Holzgestell, Stundenschlag auf Tonfeder.
Schwarzwald, um 1860
Höhe 385 mm ▽

187 *Kleine Wanduhr mit Porzellan-schild, Golddekoration und Blumen-bemalung. Messingräderwerk in Holz-gestell, Weckerstellscheibe, Ketten-zug, Stundenschlagwerk. Typische Jockeleuhr.*
Schwarzwald, um 1870
Höhe 130 mm   ▷

Zu Seite 144, 145:

188, 189 *Uhr in verglastem Rahmengehäuse. Hölzernes Uhrwerk mit Messing-ankerrad, halblanges Pendel; Gewichte für Geh- und Stundenschlagwerk im Ge-häuse. Ephraim Downes, Bristol (USA), nach 1830. – Höhe 705 mm*

190 *Bahnhäusleuhr mit Kuckuck in geschnitztem Nußbaumgehäuse. Gordian Hettich & Sohn, Furtwangen, 1898. – Höhe 710 mm*

191 *Kalender-Regulator, reich geschnitztes Nußbaumgehäuse mit Bronzeverzie-rungen. Massives Kalenderwerk. Gebr. Wilde, Villingen, um 1905. – Höhe 142 cm*

192 *Jugendstil Regulator, Nußbaumgehäuse, allseitig verglast. Massives Messingwerk mit Gewichtsantrieb. Süddeutschland, um 1905. – Höhe 120 cm*

193 *Jugendstil Regulator. Ahorngehäuse grün gebeizt, Zifferblatt versilbert und vergoldet. Gordian Hettich & Sohn, Furtwangen, 1902. – Höhe 860 mm*

194 *Stutzuhr, dekoratives Nußbaumgehäuse, poliert mit Bronzeappliken. Massi-ves Metallwerk. Uhrenfabrik Lenzkirch, um 1900. – Höhe 380 mm*

188 △

189 △

190 ▽

191 ▽

Zwischen Uhrmachern und „Packern" gab es ständig Spannungen, denn viele Uhrmacher fühlten sich von den wirtschaftlich stärkeren „Packern" ausgebeutet. Sicherlich waren Klagen gerechtfertigt, weil häufig gelieferte Rohstoffe und Lebensmittel zu überhöhten Preisen verrechnet wurden (Trucksystem) statt Bargeld auszuzahlen. Doch ohne diese Zwischenhändler hätte das Verkaufssystem nicht funktioniert. Dennoch blieben den Schwarzwäldern Formen der Ausbeutung, wie sie damals in anderen Gebirgsgegenden verbreitet waren, in der Regel erspart. Der einzelne Uhrmacher behielt in bestimmtem Umfang seine Selbständigkeit.

Der Schwarzwald versorgte Europa mit robusten und konkurrenzlos billigen Gebrauchsuhren. Wichtig für den Verkauf war auch das Äußere der Uhren. Schwarzwälder Uhren vor 1770 hatten meist einfache rechteckige Holzschilder, anfangs nur mit einem Stundenblatt und Stundenzeiger, später, als sie genauer gingen, kam ein eigenes Zifferblatt für die Viertelstundenanzeige hinzu. Als die Uhren mit Ankerhemmung ausgerüstet waren, setzte sich die uns geläufige Form mit Stunden- und Minutenzeiger durch. Nach 1740 wurde es allmählich üblich, Kupferstichblätter auf die Holzschilder zu kleben und mit Wasserfarben zu kolorieren. Alte Holzschilder sind jedoch noch weitaus seltener erhalten geblieben als alte Holzwerke, denn schon im 18. Jahrhundert wurden oft schadhafte oder unmodern gewordene Stücke ausgetauscht, sofern das Werk noch seinen Dienst tat.

Künstlerisch wertvolle geschnitzte Schilder im Barockstil schuf der Bildhauer Mathias Faller (1707–1791). Diese Fallerschilder, wie sie allgemein heißen, auch wenn sie nicht aus der Werkstatt des Meisters kamen, wurden besonders für hochwertige Schwarzwalduhren verwendet, für astronomische Uhren oder für Spieluhren. Der Grundton dieser Schilder ist silberfarben, die Ränder wurden in Faßmalerei (Uhrenschild „einfassen") vergoldet.

Nach 1770 entstand bei den Schwarzwalduhren die quadratische Grundform des Schildes mit dem aufgesetzten halbkreisförmigen Schildbogen, der die Metallglocke verdecken sollte. Der vom Zifferblatt nicht beanspruchte freie Raum in den Ecken, vor allem aber der Schildbogen, wurde mit Holzmalerei ausgeschmückt. Etwa dreißig Jahre lang haben um 1800 die Schwarzwälder experimentiert, ehe sie Materialien und Verfahren gefunden hatten, um die Holzlackschilder ansprechend und dauerhaft zu gestalten. Danach allerdings wurde die Schildmalerei zu einem blühenden Gewerbe mit künstlerischem Anspruch. Auch der berühmte Maler Hans Thoma (1839–1924) fertigte in seiner Jugendzeit Uhrenschilder.

Die Holzlackschilduhr blieb in manchen Ländern während des 19. Jahrhunderts beliebt, in anderen zeichnete sich vor 1850 ein Geschmackswandel ab. Diesen Tendenzen des Marktes mußten sich die Schwarzwälder anpassen. Rahmenuhren mit kleinem Emailzifferblatt und geprägten Metallschildern oder mit Landschafts- bzw. Personenbildern hinter Glas brachten Teilerfolge. Die kleinen Schwarzwalduhren wurden nach 1850 oft mit Porzellanschildern ausgestattet. Dieser Spätphase der hausgewerblichen Uhrmacherei fehlt die stilistische Geschlossenheit früherer Perioden, die Modelle werden kurzlebiger, der Übergang zur industriellen Produktion zeichnet sich ab.

195, 196 *Flötenuhr als Dielenstanduhr in einem Gehäuse von F. X. Scherzinger, Furtwangen, 1875. Holzgespindeltes Messingräderwerk mit Stundenschlag auf Glocke, verbunden mit Flötenwerk (zwanzig Pfeifen), für zwölf Musikstücke und automatischem stündlichen Wechselmechanismus.*
Karl Blessing, Unterkirnach, um 1825
Gesamthöhe 252 cm

Die aufkommende Uhrenindustrie

Mitte der Vierzigerjahre des 19. Jahrhunderts befand sich die Uhrmacherei des Schwarzwaldes in einer Krise. Als Hilfsmaßnahme des badischen Staates wurde 1850 die Großherzogliche Badische Uhrmacherschule Furtwangen gegründet. Geplant war, durch „Musteruhren" die Vielfalt der Bauteile zu verringern, neue Uhrentypen — federgetriebene Tischuhren („Stockuhren") und Taschenuhren — im Schwarzwald selbst zu produzieren und die Uhrmacher an den andernorts erreichten Stand der Technologie heranzuführen. Dieser Versuch ist mißlungen. Als sich im Jahrzehnt nach 1850 das Geschäft wieder belebt hat, sahen die meisten Uhrmacher keine Veranlassung mehr, über technische Verbesserungen und steigende Arbeitsproduktivität nachzudenken.

Doch allmählich veränderte sich die Situation. Anfang der 1870er Jahre wurde die Jahresproduktion des badischen Schwarzwaldes auf 1,8 Millionen Uhren geschätzt. Die Produktionspalette umfaßte jetzt auch federgetriebene Großuhren, doch nach wie vor herrschte die Schwarzwälder Gewichtsuhr vor. Allein 50% der Gesamtproduktion entfällt auf die (mittelgroße) Schottenuhr, teils mit Holzlackschild, teils mit Rahmen. Speziell bei diesem Uhrentyp konnten die Schwarzwälder „Kleinmeister", wenn auch bei verlängerter Arbeitszeit und niedrigen Gewinnspannen, noch bis Ende des 19. Jahrhunderts mit den Fabrikbetrieben konkurrieren.

Wesentliche Voraussetzung für das Überleben der hausgewerblich arbeitenden Uhrmacher war der Übergang zu fabrikmäßigen Verfahren bei der Bestandteilfertigung. So produzierte 1872 ein Furtwanger Betrieb Zubehörteile für 350 000 Uhren, ein Triberger für 500 000 Uhren. Im gleichen Zeitraum gibt es eine wachsende Zahl von Betrieben im Übergangsfeld von Werkstatt und Fabrik und, als besonders auffallende Erscheinungen, einzelne größere Uhrenfabriken.

Das Renommier-Unternehmen des badischen Oberlandes, die 1851 gegründete Aktiengesellschaft für Uhrenfabrikation in Lenzkirch, beschäftigte damals 400 Arbeiter in Fabriklokalen, zusätzlich noch 250 Heimarbeiter und war damit die größte Uhrenfabrik Deutschlands. Das Produktionsprogramm — hochwertige Pendulen, Regulatoren und Wecker nach französischer Bauform — bildete keine unmittelbare Konkurrenz für die Produzenten herkömmlicher Schwarzwalduhren.

Die Verlagerung der Uhren-Massenproduktion vom badischen in den württembergischen Teil des Schwarzwaldes zeichnete sich erst in Ansätzen ab. Die Firma Junghans in Schramberg (gegr. 1861) fertigte 1878 mit 300–400 Arbeitskräften etwa 100 000 Uhren im Jahr, die Firma Landenberger & Lang (später Hamburg Amerikanische Uhrenfabrik) wurde 1875 gegründet. Auch die Schwenninger Uhrenindustrie erlangte ihre Bedeutung erst in den folgenden Jahrzehnten.

Die aufkommende Uhrenindustrie erzielte ihre großen Umsätze vor allem mit zwei Uhrentypen, den Metallweckern und den Federzug-Regulatoren, beide verfertigt nach amerikanischer Technologie. Grundlegende Kennzeichen des sog. Amerikanerwerks, das vielfältig abgewandelt wurde, sind die durchbrochenen Messingplatinen, die Hohltriebe, die ausgestanzten Zahnräder und die starken, meist offenliegenden Zugfedern. Als Hemmung diente bei den Regulatoren häufig der Schwarzwälder Blechanker, bei den Weckern war die Stiftankerhemmung verbreitet.

Der Federzug-Regulator, zwischen 1880 und 1930 in Deutschland die beliebteste Wohnzimmeruhr, entwickelte sich aus dem Wiener Gewichts-Regulator. Diese sorgfältig bearbeiteten und genauen Uhren erforderten wegen des Langpendels und der im Innern angebrachten Gewichte lange, schmale Gehäuse. Beim Federzug-Regulator mit mittellangem Pendel konnte der meist rechteckige Uhrenkasten verkürzt werden.

Im Jahre 1905 wird die Gesamtproduktion des württembergischen Schwarzwaldes auf 5,8 Millionen Uhren geschätzt, davon waren 4,1 Millionen (70,7%) Weckeruhren. Als gängigste Sorte können die sog. Babywecker gelten. Dieser Typ mit rundem Metallkorpus und aufgesetzter Glocke galt Jahrzehnte hindurch – zwischen 1890 und 1930 – als die Weckeruhr schlechthin. Als transportable Schlafzimmer- und Küchenuhren haben diese Babywecker um 1900 auch die letzte klassische Schwarzwalduhr, den Schottenwecker, vom Markt verdrängt.

Vor 1914 entfiel über 50% der Weltausfuhr von Großuhren auf die Schwarzwälder Uhrenindustrie. Nur ein großes deutsches Unternehmen lag außerhalb dieses Raumes, die Firma Gustav Becker in Freiburg/Schlesien. Ebenso wie früher die hausgewerblich arbeitenden Uhrmacher, so versorgten jetzt die Schwarzwälder Uhrenfabriken weite Teile der Welt mit ihren Erzeugnissen.

Kuckucksuhren – Figurenuhren – Musikuhren

Wohl kaum eine andere Schwarzwälder Uhrengattung hat die Phantasie so angeregt wie die Kuckucksuhr. Doch trotz zahlreicher Ansätze und Vermutungen ist noch nicht endgültig gesichert, wann und von wem die erste Kuckucksuhr gebaut wurde. In der Literatur wird üblicherweise Franz Ketterer aus Schönwald diese Ehre zugesprochen und als Entstehungszeit 1740 genannt. Die erste schriftliche Nachricht stammt aus dem Jahre 1762.

Nach einer Reise von St. Blasien in die Rheinebene diktiert ein päpstlicher Legat seinem Schreiber: „Die hölzernen Uhren werden hier in sehr großen Mengen gemacht und durch den Handel in ganz Europa verbreitet, und wenn sie auch schon früher nicht ganz unbekannt waren, so hat man sie neuerdings sehr vervollkommnet und begonnen, sie mit dem Ruf des Kuckuck auszustatten."

Die Technik wurde im Laufe der Zeit weiter verbessert. Der perfekte Kuckuck verbeugt sich bei jedem Stundenschlag, bewegt die Flügel und öffnet den Schnabel.

Wie kommt der Kuckucksruf zustande? Über zwei gedeckten Pfeifen liegen kleine Blasbälge. Ein Rad des Schlagwerks in Verbindung mit Drähten hebt beide Blasbälge an, füllt sie also mit Luft. Kurz nacheinander fallen die Blasbälge durch ihr Eigengewicht wieder zusammen, die Luft entweicht durch zwei Lippenpfeifen, der Kuckucksruf ertönt. Weil nun die einfache Tonfolge des Kuckucks so gut gelungen war, lag der Versuch nahe, auch

197 *Stutzuhr in Eichengehäuse, mit aufgesetzter Automatenfigur (Scherenschleifer). Metallwerk mit Federaufzug.*
Schwarzwald, um 1860
Höhe 480 mm

198 Wecker mit großer Glocke in Bekränzung über dem Zifferblatt. Mauthe, Schwenningen, um 1910 Höhe 200 mm

199 Wecker aus der Industrieproduktion. Uhr in Form eines Polizisten. Mauthe, Schwenningen, um 1910 Höhe 220 mm

komplizierte Tongefüge nachzuahmen. Es entstanden Wachtelrufe, Hahnenuhren und Trompeteruhren, aber alle diese Varianten verschwanden wieder. Geblieben ist der Kuckucksruf.

Die Kuckucksmechanik wurde in viele Sorten Schwarzwälder Uhren eingebaut, aber die Kuckucksuhr, wie sie heute noch jeder kennt, geht auf die sog. Bahnhäusleform zurück. Diese spezielle Form des Uhrkastens orientiert sich gestalterisch an den Bahnwärterhäuschen der badischen Staatsbahn um 1840. Als Robert Gerwig 1850 die vaterländischen Künstler dazu aufrief, für das Äußere der Schwarzwalduhr neue Ideen zu entwickeln, lieferte auch der Karlsruher Architekturprofessor Friedrich Eisenlohr einen entsprechenden Entwurf, eben diese Bahnhäusleuhr.

Unbekannt blieb, welcher findige Schwarzwälder zuerst in den Giebel den Kuckuck setzte und das etwas nüchtern wirkende Häuschen an der Vorderseite mit hölzernem Laubwerk oder Jagdsymbolen verzierte. Jedenfalls war damit eine der erfolgreichsten Uhrenformen der Welt geschaffen worden. Auch wenn heute vielfach Holz durch Plastik ersetzt wird und die Japaner sogar eine elektronische Kuckucksuhr auf den Markt brachten, die Kuckucksuhr behielt 120 Jahre hindurch ihr unverwechselbares Gesicht.

Neben den Kuckucksuhren fertigten die Schwarzwälder auch andere einfache Automaten, in der Fachsprache Figurenuhren, in der Mundart ,,Männleuhren'' genannt. Schon Steyrer erwähnt 1796 als Beispiel einen Kapuziner, der ein Betglöcklein läutet. Für den Ideenreichtum der Figurenuhrenbauer gab es kaum Grenzen. Eine Aufzählung und Beschreibung aller Varianten würde Seiten füllen. So schlägt bei der Metzgeruhr ein Metzger bei jedem Stundenschlag einem Ochsen auf den Kopf. Bei der Scharfrichteruhr wird allstündlich ein Delinquent geköpft, bei der Soldatenuhr marschiert eine Schildwache auf und ab. Schwarzwälder Uhrmacher fertigten Schornsteinfegeruhren und Knödelesseruhren, ließen Artisten turnen und Bären tanzen, Ziegenböcke mit den Köpfen zusammenstoßen, Leoparden, Wilddiebe und Liebespaare die Augen rollen (Augenwenderuhren).

Häufig wurden bewegliche Figuren auch mit Musikwerken gekoppelt, mit Glasglockenspielen, Flöten oder Harfen. Vermutlich mit Uhren dieser Art haben sich die Schwarzwälder Handelspioniere die Herrscher geneigt gemacht. Ein Uhrmacher überreichte der Kaiserin Katharina II. von Rußland eine Schwarzwälder Spieluhr, bei der die zwölf Apostel die Stunden schlugen. Ein anderes Spielwerk, nach türkischem Geschmack gefertigt, gab 1779 ein Schwarzwälder dem ,,Großsultan'' in Istanbul.

Spieluhren wurden durch besonders qualifizierte Meister angefertigt und oft nur gegen Vorbestellung geliefert. Musikkundige Mönche der Schwarzwälder Klöster berieten im 18. Jahrhundert die Uhrmacher. In späteren Jahrzehnten trennte sich der Musikwerkbau von der Uhrmacherei. Die mechanischen Spielwerke und Karusselorgeln, besonders aber die Orchestrien des Schwarzwaldes, fanden selbst bei Weltausstellungen Beachtung. Die Namen der Schwarzwälder Firmen wie Blessing (Unterkirnach/Furtwangen), Welte (Vöhrenbach/Freiburg), Imhof & Mukle (Vöhrenbach) und Bruder (Simonswald/Waldkirch) hatten im 19. Jahrhundert internationalen Ruf.

201 *Bahnhäusleuhr, Eichengehäuse mit ausgesägten Dekorationen. Metallräderwerk in Holzgestell, Stundenschlag auf Tonfeder, Kettenzug.*
Uhrmacherschule Furtwangen, 1859
Höhe 240 mm

202 *Kuckucksuhr in Bahnhäusleform, geschnitztes Eichengehäuse, Ziffern und Zeiger aus Bein. Metallräderwerk in Holzgestell, Halbstundenschlag auf Tonfeder und Kuckucksruf.*
Jakob Bäuerle und Sohn, Furtwangen, 1860
Höhe 396 mm

◁ **200** *Kuckucksuhr mit Lackschild, Kuckuckstür im Schildbogen. Holzräderwerk, Metallankerrad, Langpendel, Stundenschlag auf Metallglocke und Kuckucksruf.*
Schwarzwald, um 1780
Höhe 320 mm

◁ **203** *Kapuzineruhr, bemaltes Schild mit Klostergebäude. Kapuzinerfigur läutet nach dem Stundenschlag die Glocken. Holzgespindeltes Messingräderwerk, Metallglocken, Stundenschlagwerk und Läutewerk.*
Matthäus Hummel, Glashütte, um 1780
Höhe 480 mm

204 *Glasglockenspieluhr, Holzräderwerk mit Vorderpendel, Mönchsfigur auf dem Werkskasten, Schild fehlt. Stundenschlag, Glockenspielwerk mit Steuerwalze.*
Johann Wehrle, Neukirch(?), um 1760
Höhe 375 mm   ▷

Moderne Verfahren der Zeitmeßtechnik

Erste theoretische Versuche, den elektrischen Strom für die Uhrentechnik nutzbar zu machen, stammen bereits aus dem ausgehenden 18. Jahrhundert. Später wurde die Telegraphie als Vermittlungsinstrument eingesetzt, um die „Normalzeit" einer genau gehenden Uhr an Außenstellen weiterzugeben. Dies war besonders für den Eisenbahnverkehr wichtig, denn die Züge sollten „auf die Minute genau" abfahren. Eine Fernsprechzeitansage gab es im Deutschen Postdienst seit 1935.

Aber die externe Zeitansage war ein Notbehelf. Gesucht wurde eine direkte elektrische Verbindung zwischen einer Normaluhr als Zentraluhr und andernorts befindlichen Uhren als Nebenuhren. Bereits 1839 gelang es Steinheil, mit Hilfe der Elektrizität mehrere Nebenuhren mit einer Zentraluhr in Gleichlauf zu halten. Dieses System wurde weiter verbessert und arbeitete schon vor hundert Jahren weitgehend störungsfrei.

Schließlich wurde die Elektrizität auch auf die Bauteile der einzelnen Uhren übertragen. Hier lag es nahe, beim Antriebssystem anzusetzen. Der Aufzug der Uhr kann durch Elektromagnete oder durch Elektromotoren vorgenommen werden. Auch elektrischer Antrieb der Pendelschwingungen ist möglich. So entstanden gänzlich neue Uhrenkonstruktionen mit direktem Antrieb des Schwingers durch den elektrischen Strom. Pendel oder Unruhe steuern das elektromagnetische Feld von Spulen über mechanische oder elektronische Schalter.

Bei der Stimmgabeluhr sind kaum noch Teile einer herkömmlichen Uhr geblieben. Eine Zinke der 360 mal in der Sekunde hin und her schwingenden Stimmgabel erzeugt in der Steuerspule eine Wechselspannung. Diese steuert über einen Schalttransistor den Strom in einer zweiten Spule, der Arbeitsspule. Die andere Stimmgabelzinke wird durch diese Arbeitsspule zu Schwingungen ihrer Eigenfrequenz angeregt. Eine Klinke an der Stimmgabel bewegt ein Schaltrad von 2,4 mm Durchmesser mit 300 Zähnen von $^1/_{100}$ mm Zahnhöhe weiter, das mittels eines Untersetzergetriebes das Zeigerwerk antreibt. Als Energiequelle dient eine Miniaturbatterie von wenigen Millimetern Durchmesser und ca. 3 Millimetern Höhe, die für den Antrieb eines Armbanduhrwerks über ein Jahr lang genügt. Bei der Stimmgabel-Armbanduhr konnten dem Käufer Abweichungen von maximal ± 1 Minute im Monat zugesichert werden.

Bei den Quarzuhren stellt ein Quarzplättchen den mechanischen Schwinger, das Zeitnormal, dar. Die ersten ortsfesten, recht voluminösen Quarzuhren stammen aus der Zeit um 1930 und wurden von Cady und Pierce entwickelt. Dabei hat man den bereits um 1880 von Curie gefundenen piezoelektrischen Effekt auf die Uhrentechnik übertragen. Er besagt, daß in bestimmten Kristallen bei Zug und Druck in einer ausgezeichneten Richtung elektrische Ladungen verschoben werden. Umgekehrt kommt der Kristall

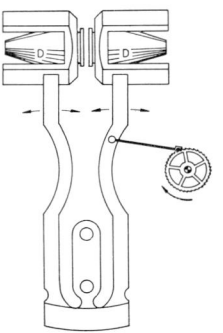

205 *Funktionsschema einer Stimmgabelarmbanduhr*

206

207

208

206 *Elektrischer Wandregulator. Das Torsionspendel wird bei Unterschreiten einer Mindestschwingungsweite von einer Batterie über Spulen erneut angetrieben. Es schaltet das Räderwerk der Uhr weiter.*
Fabrik elektrischer Uhren, Hanau, 1885
Höhe 600 mm

207 *Bulle Clochette. Das magnetische Pendel wird über Spulen und Schaltkontakte von einer Batterie angetrieben.*
England, um 1910
Höhe 320 mm

◁ **208** *Uhrwerk mit elektromagnetischem Aufzug der üblichen Zugfeder. Ankerhemmung, in Steinen gelagert. Jeweils nach einigen Minuten Federentspannung erfolgt ein weiterer Aufzugsimpuls.*
Schweiz, um 1945
ø 59 mm

bei Anlegen einer elektrischen Spannung in mechanische Bewegung. Dementsprechend wird ein Quarzplättchen durch Anlegen einer Wechselspannung der richtigen Frequenz in mechanische Schwingungen seiner Eigenfrequenz versetzt und liefert gleichzeitig eine Wechselspannung dieser Frequenz. Da die Quarzplättchen viele tausend Schwingungen je Sekunde ausführen, kommen für die Verarbeitung solcher Schwingungen und für die Zeitangabe nur elektronische Verfahren in Frage. Verwendet werden heute in Uhren vorzugsweise Quarze mit 32 000 Schwingungen je Sekunde (32 Kilohertz) oder 4 Millionen Schwingungen (4 Megahertz).

Ein Uhrenhersteller erklärt das Bauprinzip der Quarz-Armbanduhr mit folgenden Worten: ,,Wenn ein Quarzkristall in einem bestimmten Winkel geschnitten und an eine entsprechende Stromquelle angeschlossen wird, produziert er konstante Schwingungen. Gewöhnlich haben Quarze in den meisten Uhren eine Schwingungsfrequenz von 32 768 Hz. Diese hohe Frequenz wird durch einen Frequenzteiler immer wieder halbiert, bis eine konstante Schwingung von nur einem Schwingungszyklus pro Sekunde erreicht ist.''
Danach können die Schwingungen in verschiedener Weise genutzt werden. Bei der Quarz-Analoguhr werden sie durch einen Mikro-Schrittschaltmotor auf ein Räderwerk für die Zeiger übertragen. In der Digital-Quarzuhr überträgt man die gezählten Schwingungen durch elektronische Schaltkreise in die Anzeigesymbole auf einer Flüssigkristall-Anzeige. Gangabweichungen bei Quarzkleinuhren halten sich im Bereich von Sekunden je Monat.

Gerade in den letzten Jahren erreichten die Quarzuhren eine Vollkommenheit und Einfachheit, die selbst viele Fachleute nicht erwartet hatten. Der Grund liegt im Fortschritt der elektronischen Schaltungstechnik. Für den praktischen Gebrauch erfüllen die heutigen Quarzuhren alle vernünftigen Ansprüche, die Wissenschaft hingegen stellt immer höhere Forderungen.

In der Atomforschung sollen Teilchen beobachtet werden, die innerhalb von Nano-Sekunden (Tausendstel einer Microsekunde) und Pico-Sekunden (Tausendstel einer Nano-Sekunde) auftauchen und wieder verschwinden.

209 *Quarzwecker in integrierter Technik aufgebaut. Staiger, St. Georgen, 1979 Höhe 54 mm*

Bei der genauen Navigation von Schiffen müssen die empfangenen Funksignale genauer als auf eine Microsekunde synchronisiert sein. Fortschritte in der Astronomie und in der Raumfahrt sind nur möglich durch präzise Messung, Kontrolle und Weitergabe extrem kleiner Zeiteinheiten. So wurden drahtlos gesteuerte Uhrenanlagen entwickelt, die von einem Sender höchster Frequenz gesteuert, überallhin die richtige Zeit liefern können.

Auch jeder Computer hat seine vorgegebene Taktfrequenz, eine eingebaute Uhr, die das Arbeitsprogramm dieser Maschine steuert.

Das gegenwärtig technologisch revolutionärste Gerät, der Mikrocomputer, ist genauso von der eingebauten Taktfrequenz einer Quarzuhr abhängig, wie umgekehrt komplizierte Quarzuhren mit vielen eingebauten Funktionen aus Mikrocomputerelementen aufgebaut werden können.

Die Schwingungen der Atome und Moleküle sind durch innere Kräfte exakt festgelegt. So gibt es bei den Cäsiumatomen Schwingungen eines festen Frequenzwertes von 9 192 631 770 Schwingungen in der Sekunde. Man erregt diese Schwingungen mit Hilfe einer Quarzuhr und regelt die Quarzfrequenz entsprechend der Atomschwingung nach. Die erreichten Frequenzgenauigkeiten sind besser als die der Quarzuhren und lassen sich als natur-

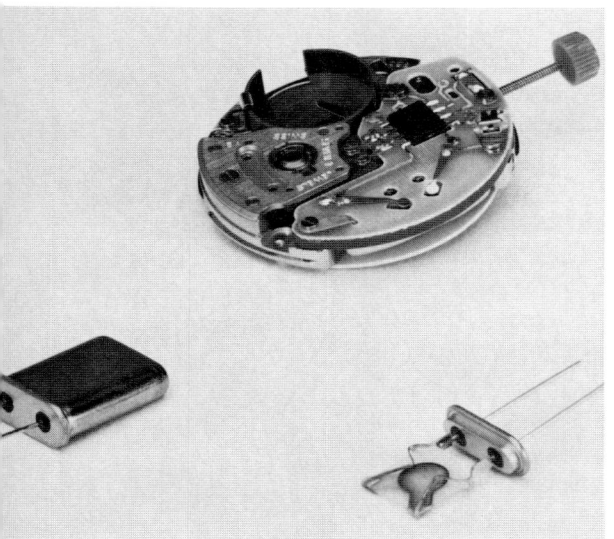

212 *Quarzuhr für Laboratorien. Mit der autonomen Quarzuhr gekoppelt sind Zeitzeichen-, Rundfunkempfänger und Meßgeräte zur Zeitkontrolle.*
Rohde & Schwarz, München, 1961
Höhe 195 cm ▽

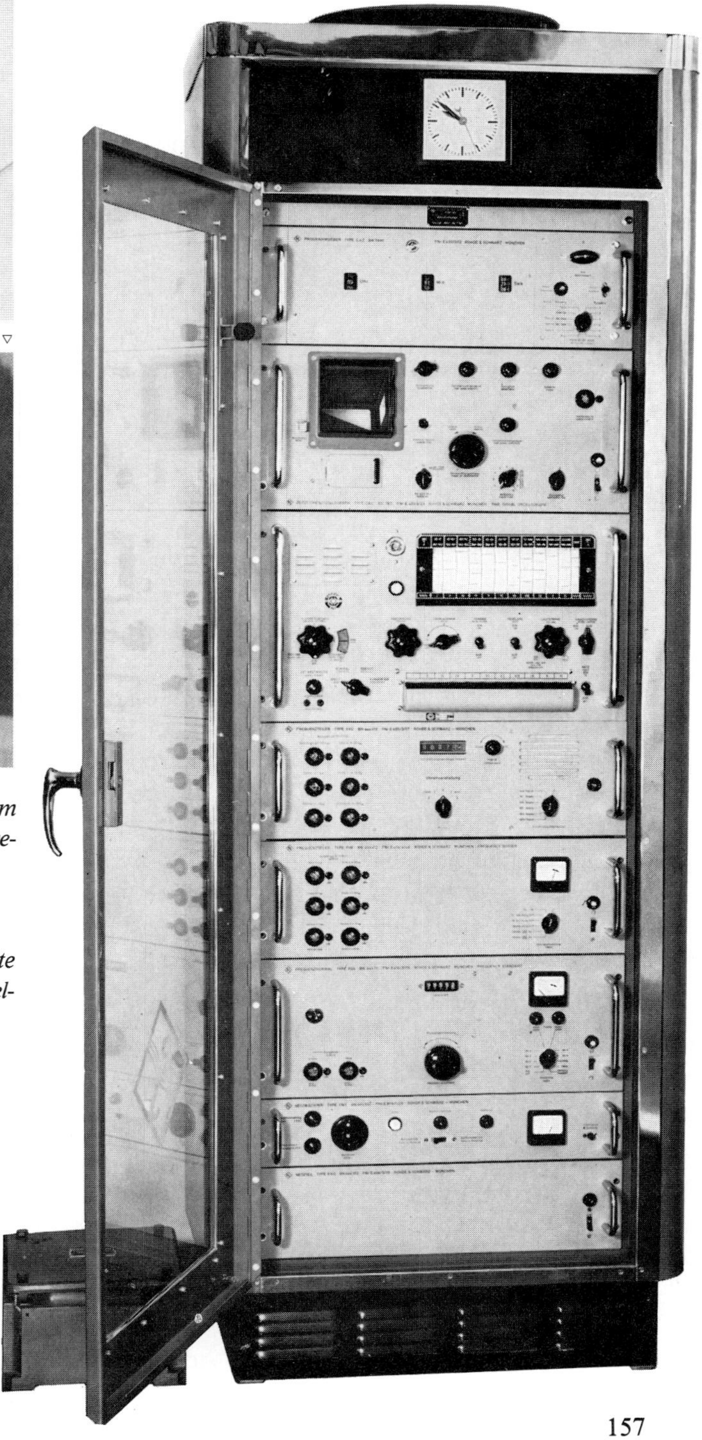

210 △

211 ▽

210 *Werk einer Quarz-Armbanduhr mit integriertem Schaltkreis und Schrittmotor. Uhrenquarz in abgeschlossenem Gehäuse. Daneben solch ein Quarz.*
Uhr ⌀ 30 mm, Quarz 11 × 13 mm

211 *Quarz-Tischuhr in diskreter Technik aufgebaut. Erste serienmäßig fabrizierte Quarzuhr für den nicht professionellen Bereich.*
Junghans, Schramberg, 1965
Maße 120 × 200 mm

bedingte Werte überall auf der Welt darstellen. Diese Entwicklung wurde 1948 durch Townes und Lyons mit dem Ammoniakmaser begonnen. Wesentliche Verbesserungen stammen aus der Mitte der 60er Jahre von Essen und Parry, so daß die ursprünglich sehr komplizierten und wenig betriebssicheren Geräte gegenwärtig als ausgereift gelten können.

Die Cäsium-Uhr kann so eingestellt werden, daß eine Genauigkeit von 2 Billionstel Sekunden erreicht wird, was einer Abweichung von einer Sekunde in 150 000 Jahren entspricht. Von den Atomschwingungen ist auch die heute gültige „Atomsekunde" abgeleitet, die den vorher an den Gestirnen abgelesenen Zeitmaßstab ersetzt hat. Mit Hilfe extrem genauer Uhren konnte sogar nachgewiesen werden, daß die Erdbewegung allmählich langsamer wird. Jedes Jahr dauert der Umlauf um die Sonne etwa eine halbe Sekunde länger.

In dieser Übersicht fehlt noch ein kurzer Hinweis auf kontinuierlich ablaufende Vorgänge. Als Musterbeispiel eines gesetzmäßigen Ablaufs bietet sich der Zerfall radioaktiver Atome für Zeit- und Altersbestimmungen an. Da alle lebenden Substanzen einen bestimmten Gehalt an radioaktivem Kohlenstoff aufnehmen, kann man mit der Kohlenstoff-Uhr Altersbestimmungen an abgestorbenen Lebewesen machen.

Bestimmungen des Erdalters sind dadurch möglich, daß man den radioaktiven Zerfall der seit Entstehung der Erde vorhandenen Elemente mißt. In Übereinstimmung mit anderen Werten wird aus solchen Messungen ein Erdalter von 5 Milliarden Jahren berechnet. Man kann dieses Verfahren auch verwenden, um Uhren für normalen Gebrauch zu bauen. In ihren Konstruktionsmerkmalen weichen sie von den klassischen mechanischen Uhren allerdings ebenso erheblich ab wie die elektronischen Uhren.

Am Schluß dieser Zusammenfassung soll ein Blick auf die künftige Entwicklung der Zeitmessung versucht werden. Die erreichte Vollkommenheit der mechanischen Uhren läßt weitere Genauigkeitssteigerungen kaum mehr erwarten. In der Fertigung ist Automatisierung nötig, sonst werden mechanische Uhren bei uns zu teuer. Es ist denkbar, daß in hochindustrialisierten Ländern die Räderuhr in naher Zukunft nur noch für einen kleinen Kreis von Liebhabern produziert wird. Die Vervollkommnung der elektrischen und elektronischen Großuhr erfolgte bereits, bei der Kleinuhr steht sie vor dem Abschluß. Als Beispiele moderner Zeitmesser seien Fernsehuhren, Schaltuhren, Zeitsteuergeräte und Herzschrittmacher erwähnt.

Auch elektronische Uhren mit vielerlei Zusatzfunktionen, etwa Kombinationen von Uhr und Elektronenrechner, werden seit einigen Jahren produziert.

In der Wissenschaft geht die Suche nach immer genaueren Zeitmeßverfahren weiter. Läßt sich das absolute Maß für die Zeit finden? Ist der Herzschrittmacher erst der Anfang einer Reihe von Uhren, die unsere Körperfunktionen überwachen? Der Technikhistoriker Lewis Mumford schrieb 1934: „Die Uhr, nicht die Dampfmaschine, ist die maßgebende Maschine für das moderne Industriezeitalter. Für jede Phase seiner Entwicklung ist die Uhr sowohl das herausragende Faktum als auch das typische Symbol der Maschine; noch heute ist keine Maschine so allgegenwärtig." Dies gilt auch für unsere Zeit.

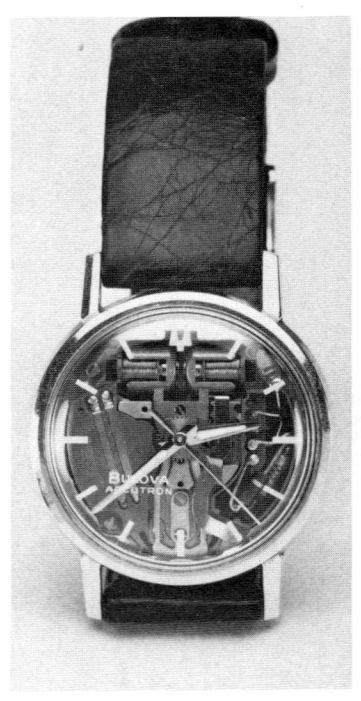

213 *Accutron-Armbanduhr mit Stimmgabelschwinger. Werk in skelettierter Bauweise. Bulova, Schweiz, 1967 ø 35 mm*

214 *Armbanduhr mit elektromechanischem Antrieb der mechanischen Unruh.*
PUW, Pforzheim, 1963
ø 30 mm

215 *Quarzarmbanduhr der frühen industriellen Serienproduktion.*
Omega, Biel, 1970
Länge 42 × Breite 35 × Höhe 15 mm

216 *Quarzarmbanduhr mit elektronischem Rechner und Spielfunktionen.*
Casio, Japan, 1980
Maße 35 × 42 mm

Literaturhinweise

I. Allgemeine Uhrenliteratur

Abeler, Jürgen – Ullstein Uhrenbuch, 2. Aufl., Berlin 1979

Ballweg, Manfred – Bruckmann's Uhrenlexikon, 2. Aufl., München 1980

Bassermann – Jordan, Ernst von / Bertele, Hans von – Uhren, 9. Aufl., München 1982

Bruton, Eric – The History of Clocks and Watches, London 1979

de Carle, Donald – Watch & Clock Encyclopedia, 4. Aufl., London 1976

Lübke, Anton –Das große Uhrenbuch. Von der Sonnenuhr zur Atomuhr, Tübingen 1977

Schindler, Georg – Alte Uhren, dtv 2873, München 1981

II. Spezialliteratur

Bailey, Chris H. – Two Hundred Years of American Clocks and Watches, Englewood Cliffs, N.Y. 1975

Bender, Gerd – Die Uhrenmacher des hohen Schwarzwaldes und ihre Werke, Band I, 2. Aufl., Villingen 1979, Band II, Villingen 1978

Britten, Frederick James – Old Clocks and Watches and Their Makers, London 1971 (Nachdruck)

Clutton, Cecil / Daniels, George – Taschenuhren, München 1982

Jüttemann, Herbert – Die Schwarzwalduhr, 2. Aufl., Braunschweig 1978

Kahlert / Mühe / Brunner – Armbanduhren, München 1983

Kainer, Helmuth – Holzuhren. Schriftenreihe des Deutschen Uhrenmuseums, Band II, Furtwangen 1981

Maurice, Klaus – Die Deutsche Räderuhr, 2 Bände, München 1976

Meis, Reinhard – Taschenuhren, München 1979

Mühe, Richard / Vogel, Horand M. – Alte Uhren. Ein Handbuch europäischer Tischuhren, Wanduhren und Bodenstanduhren, 3. Aufl., München 1981

Tardy – La Pendule Française, 4 Bände, 5. Aufl., Paris 1981/83

Tyler, John – Black Forest Clocks, London 1977

III. Periodica – Gesellschaften für Uhrenkunde

Schriften der Freunde alter Uhren, Band I (1961) ff.

Schriften der AHS – ,,Antiquarian Horological Society" (England)

Schriften der ANCAHA – ,,Association Nationale des Collectioneurs et Amateurs d'Horlogerie Ancienne" (Frankreich)

Bulletin der NAWCC – ,,National Association of Watch and Clock Collectors Inc." (USA)

Schriften der ,,Chronometrophilia" (Schweiz)

Alte Uhren, Zeitschrift 1 (1977) ff.